MUJERES DEL ALMA MÍA

ISABEL ALLENDE

MUJERES DEL ALMA MÍA

Sobre el amor impaciente, la vida larga y las brujas buenas

VINTAGE ESPAÑOL

UNA DIVISIÓN DE PENGUIN RANDOM HOUSE LLC

NUEVA YORK

A Panchita, Paula, Lori, Mana, Nicole
y las otras mujeres extraordinarias de mi vida

No exagero al decir que fui feminista desde el kindergarten, antes de que el concepto se conociera en mi familia. Nací en 1942, así es que estamos hablando de la remota antigüedad. Creo que mi rebeldía contra la autoridad masculina se originó en la situación de Panchita, mi madre, a quien su marido abandonó en el Perú con dos niños en pañales y un recién nacido en los brazos. Eso obligó a Panchita a pedir refugio en casa de sus padres en Chile, donde pasé los primeros años de mi infancia.

La casa de mis abuelos, en el barrio Providencia de Santiago, que entonces era residencial y hoy es un laberinto de comercios y oficinas, era grande y fea, una monstruosidad de cemento, habitaciones de techos altos, corrientes de aire, hollín de estufas de queroseno en las paredes, pesados cortinajes de felpa roja, muebles españoles hechos para durar un siglo, retratos horrendos de parientes muertos y pilas de libros polvorientos. El frente de la casa era señorial. A la sala, la biblioteca y el comedor alguien había procurado darles un sello de elegancia, pero se usaban muy poco. El resto de la casa era el reino desordenado de mi abuela, los niños (mis dos hermanos y yo), las empleadas domésticas, dos o tres perros sin raza discernible y gatos medio salvajes que se reproducían incontrolablemente detrás de la nevera; la cocinera ahogaba a las crías en un balde en el patio.

La alegría y la luz de esa casa se esfumaron con la muerte prematura de mi abuela. Recuerdo mi infancia como una época de temor y oscuridad.

¿Qué temía? Que mi madre se muriera y fuéramos a dar a un orfelinato, que me robaran los gitanos, que se apareciera el Diablo en los espejos, bueno, para qué sigo. Agradezco esa infancia infeliz porque me dio material para la escritura. No sé cómo se las arreglan los novelistas que tuvieron una infancia amable en un hogar normal.

A muy temprana edad me di cuenta de que mi madre estaba en desventaja con respecto a los hombres de la familia. Se había casado contra la voluntad de sus padres, había fracasado, tal como le habían advertido, y había anulado su matrimonio, única salida disponible en ese país donde no se legalizó el divorcio hasta el año 2004. No estaba preparada para trabajar, no tenía dinero ni libertad y era el blanco de malas lenguas, porque además de estar separada del marido, era joven, bonita y coqueta.

Mi enojo contra el machismo comenzó en esos años de la infancia al ver a mi madre y a las empleadas de la casa como víctimas, subordinadas, sin recursos y sin voz, la primera por haber desafiado las convenciones y las otras por ser pobres. Por supuesto que nada de eso lo entendía entonces, esta explicación la formulé a los cincuenta años en terapia, pero aunque no pudiera razonar, los sentimientos de frustración eran tan poderosos que me marcaron para siempre con una obsesión por la justicia y un rechazo visceral al machismo. Este resentimiento era aberrante en mi familia, que se consideraba intelectual y moderna, pero de acuerdo a los patrones de ahora, era francamente paleolítica.

Panchita consultó a más de un médico para averiguar qué me pasaba, tal vez su hija sufría de cólicos o tenía la lombriz solitaria. Mi carácter obstinado y desafiante, que en mis hermanos se aprobaba como condición esencial de la masculinidad, en mí era una patología. ¿No es casi siempre así? A las niñas se les niega el derecho a enojarse y patalear.

Existían psicólogos en Chile, tal vez incluso psicólogos infantiles, pero ese recurso en aquella época dominada por los tabúes se reservaba para los locos incurables y en mi familia ni siquiera en esos casos; nuestros lunáticos se soportaban en privado no más. Mi madre me rogaba que fuera más discreta. «No sé de dónde has sacado esas ideas, vas a adquirir fama de marimacho», me dijo una vez, sin aclarar el significado de esa palabreja.

Tenía razón al preocuparse. A los seis años me habían expulsado de las monjas alemanas por insubordinada, como un preludio a lo que sería mi futura trayectoria. Se me ocurre que la verdadera razón fue que Panchita era legalmente madre soltera de tres niños. Eso no debiera haber escandalizado a las monjas, porque la mayoría de los niños en Chile nacen fuera del matrimonio, pero no era el caso en la clase social a la que pertenecían las alumnas de ese colegio.

Durante décadas pensé en mi madre como una víctima, pero he aprendido que la definición de víctima es alguien que carece de control y poder sobre sus circunstancias y creo que ese no era su caso. Es cierto que mi madre parecía atrapada, vulnerable, a veces desesperada, pero su situación cambió más tarde, cuando se juntó con mi padrastro y empezaron a viajar. Podría haber bregado para tener más independencia, hacer la vida que deseaba y desarrollar su enorme potencial, en vez de someterse, pero mi opinión no cuenta, porque pertenezco a la generación del feminismo y tuve oportunidades que ella no tuvo.

Otra de las cosas que aprendí a los cincuenta años en terapia es que seguramente la falta de padre en mi infancia también contribuyó a mi rebeldía. Me tomó mucho tiempo aceptar al tío Ramón, como llamé siempre al hombre con quien Panchita se juntó cuando yo tenía alrededor de once años, y comprender que no podría haber tenido un padre mejor que él. Me di cuenta de eso cuando nació mi hija Paula y él cayó fulminado de amor por ella (el sentimiento fue mutuo) y vi por primera vez el lado tierno, sentimental y juguetón de ese padrastro a quien le había declarado la guerra. Pasé la adolescencia detestándolo y cuestionando su autoridad, pero como era un optimista invencible, ni cuenta se dio. Según él, yo siempre fui una hija ejemplar. El tío Ramón tenía tan mala memoria para lo negativo, que en su vejez me llamaba Angélica —mi segundo nombre— y me decía que durmiera de lado para no aplastar mis alas. Lo repitió hasta el final de sus días, cuando la demencia y el cansancio de vivir lo habían reducido a una sombra de quien fue.

Con el tiempo el tío Ramón llegó a ser mi mejor amigo y confidente. Era alegre, mandón, orgulloso y machista, aunque lo negaba con el argumento de que nadie era más respetuoso con las mujeres que él. Nunca logré explicarle cabalmente en qué consistía su tremendo machismo. Había dejado a su mujer, con quien tenía cuatro hijos, y nunca obtuvo la nulidad matrimonial que le hubiera permitido legalizar la relación con mi madre, pero eso no les impidió vivir juntos durante casi setenta años, al principio con escándalo y chismes, pero después muy poca gente objetaba su unión, porque se relajaron las costumbres y a falta de divorcio, las parejas se juntaban y se separaban sin burocracia.

Panchita resentía los defectos de su compañero tanto como admiraba sus cualidades. Asumió el papel de esposa dominada y a menudo furiosa por amor y porque se sentía incapaz de sacar adelante a sus hijos sola. Ser mantenida y protegida tenía un costo inevitable.

A mi padre biológico nunca lo eché de menos ni tuve curiosidad por saber de él. Para otorgarle la nulidad matrimonial a Panchita puso como condición no tener que hacerse cargo de los hijos y lo llevó al extremo de no volver a vernos. Las pocas veces que su nombre se mencionaba en la familia, tema que todos evitaban, a mi madre le daba una feroz migraña. Solo me dijeron que era muy inteligente y me había querido mucho, me hacía escuchar música clásica y me mostraba libros de arte, de modo que a los dos años yo identificaba a los artistas; él me decía Monet o Renoir y yo los encontraba en la página exacta. Lo dudo. No podría hacerlo ahora en pleno uso de mis facultades. En todo caso, como supuestamente eso ocurrió antes de mis tres años, no lo recuerdo, pero la súbita deserción de mi padre me marcó. ¿Cómo iba a confiar en los hombres, que te quieren un día y se esfuman al siguiente?

El abandono de mi padre no es excepcional. En Chile el pilar de la familia y la comunidad es la mujer, sobre todo en la clase trabajadora, donde los padres van y vienen y a menudo desaparecen sin acordarse más de los hijos. Las madres, en cambio, son árboles de firmes raíces. Ellas se hacen cargo de los hijos propios y de ser necesario también de los ajenos. Tan fuertes y organizadas son las mujeres, que se dice que Chile es un matriarcado y hasta los tipos más cavernícolas lo repiten sin sonrojarse, pero eso está lejos de la verdad. Los hombres controlan el poder político y económico, proclaman las leyes y las aplican a su antojo y en caso de que eso no sea suficiente, interviene la Iglesia con su consuetudinario sello patriarcal. Las mujeres solo mandan en su familia… a veces.

Hace poco, en una de esas entrevistas que me ponen nerviosa, porque consisten en un bombardeo de preguntas triviales que se deben responder a la carrera, como una espinosa prueba psicológica, me tocó decidir en dos segundos con cuál de los personajes de mis novelas me gustaría cenar. Si me hubieran preguntado con qué persona quisiera cenar, habría dicho de inmediato: con Paula, mi hija, y Panchita, mi madre, dos espíritus que me rondan siempre, pero en esa ocasión se trataba de una figura literaria. No pude responder de inmediato, como me exigía el entrevistador, porque he escrito más de veinte libros y me gustaría cenar con casi todos mis protagonistas, tanto mujeres como hombres, pero cuando tuve tiempo para pensar, decidí que invitaría a Eliza Sommers, la muchacha de *Hija de la fortuna*. Cuando fui a España para el lanzamiento de la novela, en 1999, un periodista astuto me dijo que mi novela era una alegoría del feminismo. Tenía razón, aunque en verdad yo no lo había pensado.

A mediados del siglo XIX, en plena era victoriana, Eliza

Sommers era una adolescente presa en un corsé, encerrada en su casa, con poca educación y menos derechos, destinada a casarse y tener hijos, pero abandonó la seguridad de su hogar y viajó desde Chile hacia la fiebre del oro en California. Para sobrevivir se vistió de hombre y aprendió a valerse sola en un ambiente hipermasculino de codicia, ambición y violencia. Después de vencer innumerables obstáculos y peligros, pudo volver a vestirse de mujer, pero nunca más con un corsé. Había adquirido libertad y ya no renunciaría a ella.

Es cierto que la trayectoria de Eliza podría compararse con la emancipación de las mujeres, que han tomado por asalto el mundo de los hombres. Tuvimos que actuar como ellos, aprender sus tácticas y competir. Recuerdo la época en que las oficinistas, para ser tomadas en serio, iban a trabajar con pantalones, chaqueta y algunas con corbata. Ya no es necesario, podemos ejercer nuestro poder desde la feminidad. Como Eliza, adquirimos libertad y seguimos luchando para preservarla, ampliarla y lograr que alcance para todas. Esto quisiera contarle a Eliza si viniera a cenar conmigo.

El feminismo suele asustar porque parece muy radical o se interpreta como odio al hombre, por eso antes de continuar debo aclarar esto para algunas de mis lectoras. Empecemos por el término «patriarcado».

Mi definición del término «patriarcado» tal vez difiere un poco de Wikipedia o el diccionario de la Real Academia. Originalmente significaba supremacía absoluta del hombre sobre la mujer, sobre otras especies y la naturaleza, pero el movimiento feminista ha socavado ese poder absoluto en algunos aspectos, aunque en otros persiste igual que hace miles de años. A pesar de que han cambiado muchas de las leyes discriminatorias, el patriarcado sigue siendo el sistema imperante de opresión política, económica, cultural y religiosa que otorga dominio y privilegios al sexo masculino. Además de misoginia —aversión a la mujer—, este sistema incluye diversas formas de exclusión y agresión: racismo, homofobia, clasismo, xenofobia, intolerancia hacia otras ideas y hacia personas que sean diferentes. El patriarcado se impone con agresión, exige obediencia y castiga a quien se atreva a desafiarlo.

¿Y en qué consiste mi feminismo? No es lo que tenemos entre las piernas, sino entre las dos orejas. Es una postura filosófica y una sublevación contra la autoridad del hombre. Es una manera de entender las relaciones humanas y de ver el mundo, una apuesta por la justicia, una lucha por la emancipación de mujeres, gais, lesbianas, queer (LGTBIQ+), todos los oprimidos por el sistema y los demás que deseen sumarse. *Bienvenides*, como dirían los jóvenes de hoy: mientras más seamos, mejor.

En mi juventud bregaba por la igualdad, quería participar en el juego de los hombres, pero en la madurez comprendí que ese juego es una locura, está destruyendo el planeta y el tejido moral de la humanidad. No se trata de replicar el desastre, sino de remediarlo. Por supuesto, este movimiento se enfrenta con poderosas fuerzas reaccionarias, como fundamentalismo, fascismo, tradición y muchas otras. Me deprime comprobar que entre esas fuerzas opositoras hay tantas mujeres que temen el cambio y no pueden imaginar un futuro diferente.

El patriarcado es pétreo. El feminismo, como el océano, es fluido, poderoso, profundo y tiene la complejidad infinita de la vida, se mueve en olas, corrientes, mareas y a veces en tormentas furiosas. Como el océano, el feminismo no se calla.

No, calladita no estás más guapa.
Tú eres preciosa cuando luchas,
cuando peleas por lo tuyo,
cuando no te callas
y tus palabras muerden,
cuando abres la boca
y todo arde a tu alrededor.

No, calladita no estás más guapa,
sino un poco más muerta,
y si algo sé sobre ti
es que no he visto a nadie,
jamás,
con tantas ganas de vivir.

Gritando.

MIGUEL GANE, «Arde»

Desde chica asumí que debía cuidar a mi madre y mantenerme sola lo antes posible. Esto fue reforzado por el mensaje de mi abuelo, que siendo el patriarca incuestionable de mi familia, comprendía la desventaja de ser mujer y quiso darme las armas para que nunca tuviera que depender. Pasé los primeros ocho años de mi vida bajo su tutela y volví a vivir con él a los dieciséis, cuando el tío Ramón nos mandó a mis hermanos y a mí de vuelta a Chile. Estábamos viviendo en el Líbano, donde él era cónsul, cuando en 1958 una crisis política y religiosa amenazó con sumir al país en una guerra civil. Mis hermanos fueron a una escuela militar en Santiago y yo a casa de mi abuelo.

Mi tata Agustín empezó a trabajar a los catorce años a raíz de la muerte de su padre, que dejó a la familia desvalida. Para él la vida consistía en disciplina, esfuerzo y responsabilidad. Llevaba la cabeza en alto: el honor es lo primero. Crecí en su escuela estoica: evitar toda ostentación y despilfarro, no quejarse, aguantar, cumplir, no pedir ni esperar nada, valerse sola, ayudar y servir a otros sin hacer alarde.

Le oí varias veces este cuento: había una vez un hombre que tenía un solo hijo al que amaba con toda su alma. Cuando el chico cumplió doce años, el padre le dijo que se tirara del balcón del segundo piso sin miedo, porque él lo recibiría abajo. El hijo obedeció, pero el padre cruzó los brazos y permitió que el niño se rompiera varios huesos al estrellarse en el patio. La moraleja de ese cuento cruel es que no se debe confiar en nadie, ni siquiera en el padre.

A pesar de su rigidez, mi abuelo era muy querido por su generosidad y su incondicional servicio al prójimo. Yo lo adoraba. Recuerdo su melena blanca, su risa estruendosa de dientes amarillos, sus manos retorcidas por la artritis, su travieso sentido del humor y el hecho irrefutable, aunque jamás admitido, de que yo era su nieta favorita. Sin duda hubiera deseado que yo fuera varón, pero se resignó a quererme a pesar de mi género, porque yo le recordaba a su mujer, mi abuela Isabel, de quien tengo el nombre y la expresión de los ojos.

En la adolescencia fue evidente que yo no calzaba en ninguna parte y le tocó a mi pobre abuelo lidiar conmigo. No es que yo fuera perezosa o atrevida, por el contrario, era muy buena alumna y obedecía las reglas de convivencia sin protestar, pero vivía sumida en un estado de furia contenida que no se manifestaba en pataletas o portazos sino en un eterno silencio acusador. Era un nudo de complejos; me sentía fea, impotente, invisible, presa en un presente chato y muy sola. No pertenecía a un grupo; me sentía diferente y excluida. Combatía la soledad leyendo vorazmente y escribiéndole a diario a mi madre, quien del Líbano fue a dar a Turquía. Ella también me escribía muy seguido y no nos importaba que las cartas demoraran varias semanas en llegar. Así comenzó la correspondencia que mantuvimos siempre.

Desde chica tuve una consciencia aguda de las injusticias del mundo. Recuerdo que en mi infancia las empleadas domésticas trabajaban de sol a sol, salían muy poco, ganaban una miseria y dormían en celdas sin ventana con un camastro y una cómoda desvencijada por todo mobiliario. (Eso era en los años cuarenta y cincuenta, por supuesto que ya no es así en Chile.) En la adolescencia mi inquietud por la justicia se acentuó tanto que mientras otras muchachas andaban pendientes de su apariencia y de atrapar novios, yo predicaba el socialismo y feminismo. Con razón no tenía amigas. Me indignaba la desigualdad, que en Chile era enorme en materia de clase social, oportunidades e ingresos.

La peor discriminación es contra los pobres —siempre lo es—, pero a mí me pesaba más la que soportaban las mujeres, porque me parecía que a veces se puede salir de la pobreza, pero nunca de la condición determinada por el género. Nadie soñaba entonces con la posibilidad de cambiar de sexo. Aunque siempre tuvimos luchadoras que consiguieron el voto femenino y otros derechos, mejoraron la educación y participaron en política, en salud pública, y en las ciencias y las artes, estábamos a años luz de los movimientos feministas de Europa y Estados Unidos. Nadie en mi ambiente hablaba de la situación de la mujer, ni en mi casa ni en el colegio ni en la prensa, así es que no sé dónde adquirí esa consciencia en aquella época.

Permítanme hacer una breve digresión sobre la desigualdad. Hasta 2019, Chile se consideraba el oasis de América Latina, un país próspero y estable en un continente sacudido por vaivenes políticos y violencia. El 18 de octubre de ese año el país y el mundo se llevaron una sorpresa cuando estalló la ira popular. Las cifras económicas optimistas no mostraban la distribución de los recursos ni el hecho de que la desigualdad en Chile es una de las más altas del mundo. El modelo económico de neoliberalismo extremo, impuesto por la dictadura del general Pinochet en los años setenta y ochenta, privatizó casi todo, incluso los servicios básicos como el agua potable, y le dio carta blanca al capital, mientras la fuerza laboral estaba duramente reprimida. Eso produjo un *boom* económico durante un tiempo y permitió el enriquecimiento desenfrenado de unos pocos, mientras el resto de la población sobrevive con dificultad a crédito. Es cierto que la pobreza disminuyó a menos del 10 %, pero esa cifra no revela la extensa pobreza disimulada de la clase media baja, la clase trabajadora y los jubilados, que reciben pensiones miserables. El descontento se acumuló durante más de treinta años.

En los meses siguientes a octubre de 2019, millones de personas salieron a protestar en las calles de todas las ciudades importantes del país, al comienzo en forma pacífica, pero pronto empezaron actos de vandalismo. La policía reaccionó con una brutalidad que no se había visto desde la época de la dictadura.

Al movimiento de protesta, que no tenía líderes visibles ni estaba ligado a partidos políticos, se fueron sumando diversos sectores de la sociedad que exigían sus propias reivindicaciones, desde los pueblos originarios hasta estudiantes, sindicatos, colegios profesionales, etc., y, por supuesto, grupos feministas.

«Vas a recibir mucha agresión y pagarás un precio muy alto por tus ideas», me advertía mi madre, preocupada. Con mi carácter nunca iba a conseguir un marido y la peor suerte era quedarse solterona; ese rótulo se aplicaba más o menos a partir de los veinticinco años. Había que apurarse. Nos esmerábamos en echarle el lazo a un novio y casarnos deprisa, antes de que otras chicas más listas atraparan a los mejores partidos. «A mí también me revienta el machismo, Isabel, pero qué le vamos a hacer, el mundo es así y ha sido siempre igual», me decía Panchita. Yo era buena lectora y había aprendido en los libros que el mundo cambia constantemente y la humanidad evoluciona, pero los cambios no llegan solos, se obtienen con mucha guerra.

Soy impaciente; ahora comprendo que pretendía inyectarle feminismo a mi madre contra su voluntad, sin tener en cuenta que ella venía de otra época. Pertenezco a la generación de transición entre nuestras madres y nuestras hijas y nietas, la que imaginó e impulsó la revolución más importante del siglo xx. Se podría alegar que la Revolución rusa de 1917 fue la más notable, pero la del feminismo ha sido más profunda y duradera, afecta a la mitad de la humanidad, se ha extendido y tocado a millones y millones de personas y es la esperanza más sólida de que la civilización en que vivimos puede ser reemplazada por otra más evolucionada. Eso fascinaba y asustaba a mi madre. La habían criado con otro de los axiomas de mi tata Agustín: más vale malo conocido que bueno por conocer.

Tal vez les he dado la impresión de que mi madre era una de esas matronas convencionales típicas de su medio social y su generación. No era así. Panchita escapaba al molde habitual de las señoras de su medio. Si temía por mí, no era por pudibunda o por anticuada, sino por lo mucho que me quería y por su experiencia personal. Estoy segura de que sin saberlo plantó en mí la semilla de rebelión. La diferencia entre nosotras es que ella no pudo hacer la vida que hubiera preferido —en el campo, rodeada de animales, pintando y paseando por los cerros—, sino que se plegó a los deseos de su marido, quien decidía las destinaciones diplomáticas, a veces sin consultarla, e impuso un estilo de vida urbano y gregario. Tuvieron un amor muy largo, pero conflictivo, entre otras cosas porque la profesión de él tenía exigencias que iban contra la sensibilidad de ella. Yo, en cambio, fui independiente desde muy joven.

Panchita nació veinte años antes que yo y no alcanzó a elevarse con la ola del feminismo. Entendió el concepto y creo que lo deseaba para sí misma, al menos en teoría, pero demandaba demasiado esfuerzo. Le parecía una utopía peligrosa que acabaría por destruirme. Habrían de pasar casi cuarenta años para que comprendiera que lejos de destruirme, me había forjado y me permitió hacer casi todo lo que me propuse. A través de mí, Panchita pudo realizar algunos de sus sueños. A muchas hijas nos ha tocado vivir la vida que nuestras madres no pudieron vivir.

En una de nuestras largas conversaciones de la edad madura, después de mucha lucha, de algunos fracasos y ciertas victorias, le dije a Panchita que había soportado bastante agresión, como ella me advirtió, pero por cada golpe recibido, pude asestar dos. No habría podido vivir de otra manera, porque mi rabia de la infancia no hizo más que aumentar con el tiempo; nunca acepté el limitado rol femenino que me asignaron la familia, la sociedad, la cultura y la religión. A los quince años me alejé de la Iglesia para siempre, no por falta de fe en Dios —eso vino más tarde—, sino por el machismo inherente a toda organización religiosa. No puedo ser miembro de una institución que me considera persona de segunda clase y cuyas autoridades, siempre hombres, imponen sus reglas con la fuerza del dogma y gozan de impunidad.

Me definí como mujer a mi manera, en mis propios términos, dando palos de ciega. Nada era claro, porque no tuve modelos para emular hasta más tarde, cuando comencé a trabajar como periodista. No fueron decisiones racionales o conscientes, me guio un impulso incontenible. «El precio que he pagado por una vida de feminismo es una verdadera ganga, mamá; volvería a pagarlo multiplicado por mil», le aseguré.

Llegó un momento en el que fue imposible callar mis ideas ante mi abuelo y entonces me llevé una sorpresa. Ese viejo orgulloso de su origen vasco, católico, anticuado, testarudo y maravilloso, un caballero de pura cepa, de esos que retiran las sillas y abren las puertas de las damas, se escandalizaba con las teorías de su nieta descabellada, pero al menos estaba dispuesto a escucharla, siempre que ella no alzara la voz; una señorita debe tener buenas maneras y decoro. Era más de lo que se podía esperar y más de lo que pude obtener del tío Ramón, quien era una generación más joven que mi tata Agustín, pero no tenía el menor interés en las obsesiones de una chiquilla y mucho menos en el feminismo.

El mundo del tío Ramón era perfecto; él estaba bien situado en el palo superior del gallinero, no tenía por qué cuestionar las reglas. Se había educado en los jesuitas y nada le producía tanto placer como una buena discusión. Argumentar, rebatir, convencer, ganar... ¡qué delicia! Conmigo discutía de todo, desde las vicisitudes de Job, el de la Biblia, a quien Dios y el Diablo pusieron a prueba (un babieca, según él, y un santo varón según yo), hasta Napoleón (a quien él admiraba y a mí me cargaba). Al final siempre me humillaba, porque no había manera de derrotarlo en la esgrima intelectual aprendida de los jesuitas. El tema del machismo lo aburría, así que de eso no hablábamos.

Una vez, en el Líbano, le conté al tío Ramón de Shamila, una chica de Pakistán que estaba interna en mi colegio y lloraba porque en las vacaciones tenía que ir donde su familia. En ese colegio inglés había niñas protestantes, católicas, maronitas, judías y algunas musulmanas, como Shamila. Me contó que su madre había muerto y su padre la puso interna lejos de su país porque era la única hija y temía que «se le arruinara». Un traspié de la hija sería un deshonor para la familia que solo se lavaba con sangre. La virginidad de Shamila era más valiosa que su vida.

Cuando ella llegó a su casa, vigilada por una dueña, su padre, un hombre muy tradicional, se horrorizó ante las costumbres occidentales que su hija había adquirido en el internado. Una niña decente y pura andaba cubierta, no podía mirar a los ojos, salir sola a ninguna parte, escuchar música, leer o comunicarse directamente con alguien del sexo opuesto; era propiedad de su padre. Shamila, que tenía catorce años, se atrevió a cuestionar la decisión de casarla con un hombre treinta años mayor, un comerciante que ella nunca había visto. Recibió una paliza y fue encerrada durante los dos meses de las vacaciones. Las palizas se repitieron hasta quebrarle la voluntad.

Mi amiga volvió al colegio flaca, ojerosa y muda a recibir su diploma y recoger sus cosas; era una sombra de quien había sido. Acudí al tío Ramón, porque se me ocurrió que, para librarse de su suerte, Shamila debía escapar y pedir asilo en el consulado chileno. «De ninguna manera. Imagínate el problema internacional que sería si me acusan de escamotear a una menor de edad de la tutela de su familia, eso equivale a rapto. Me apena la situación de tu amiga, pero no puedes ayudarla. Agradece que esa no es tu realidad», me dijo, y procedió a tratar de convencerme de que abrazara una causa algo menos ambiciosa que cambiar la cultura imperante durante siglos en Pakistán.

Por cierto, el matrimonio prematuro y obligatorio todavía se practica en países como Yemen, Pakistán, India, Afganistán y algunos de África, generalmente en zonas rurales, pero también ocurre en Europa entre inmigrantes y en Estados Unidos en ciertos grupos religiosos, con dramáticas consecuencias físicas y psicológicas para las niñas. La activista Stephanie Sinclair ha dedicado buena parte de su vida a documentarlo con sus fotografías de niñitas casadas a la fuerza con hombres que podrían ser sus padres o abuelos y otras que son madres en la pubertad, antes de que sus cuerpos estén preparados para el embarazo y la maternidad. (Pueden ver su trabajo en <https://stephaniesinclair.com/>.)

Según mi abuelo, la relación de pareja es simple: el hombre provee, protege y manda, la mujer sirve, cuida y obedece. Por lo mismo sostenía que el matrimonio es muy conveniente para los hombres, pero mal negocio para las mujeres. Era un adelantado para su época; ahora está comprobado que los dos grupos más contentos son los hombres casados y las mujeres solteras. El día en que llevaba a su hija Panchita del brazo al altar, le dijo por enésima vez que no se casara, que todavía estaban a tiempo de dar media vuelta, dejar plantado al novio y despedir cortésmente a las visitas.

Lo mismo me dijo a mí dos décadas más tarde, cuando me casé.

A pesar de su planteamiento tan radical sobre el matrimonio, mi abuelo era muy tradicional en lo que respecta a la feminidad. ¿Quién determina lo que imponen la tradición y la cultura? Hombres, por supuesto, y las mujeres lo aceptan sin cuestionarlo. Según mi abuelo, había que ser «señora» en toda circunstancia. No vale la pena extenderme en lo que significa el término «señora» en mi familia, porque es complicado, basta decir que el ejemplo sublime podría ser la impasible, amable y distinguida reina Isabel de Inglaterra, que en los años sesenta era muy joven, pera ya se comportaba de forma impecable, como lo ha hecho el resto de su larga vida. Bueno, al menos eso es lo que ella muestra al público. Al viejo le parecía impropio que las mujeres —y menos las de mi edad— manifestaran sus opiniones, que posiblemente a nadie le interesaban. Las mías sobre feminismo entraban en esa categoría.

De alguna manera logré que leyera *El segundo sexo*, de Simone de Beauvoir, y artículos que yo dejaba olvidados en su casa y él fingía ignorar, pero hojeaba con disimulo. Mi proselitismo lo ponía nervioso, pero soportaba mi bombardeo sobre cómo las mujeres sufrimos de forma desproporcionada el impacto de la pobreza, la falta de salud y educación, el tráfico humano, la guerra, los desastres naturales y los abusos contra los derechos humanos. «¿De dónde saca usted esos datos?», me preguntaba, sospechoso. Francamente no lo sé, porque mis fuentes eran escasas; faltaban cuarenta años para que se inventara Google.

«No hagas rabiar al Tata y al tío Ramón, Isabel», me pedía mi madre. «Todo se puede hacer elegantemente y sin bulla.» Pero no hay feminismo sin bulla, como habríamos de comprobar más tarde.

Mi primer empleo fue como secretaria copiando estadísticas forestales a los diecisiete años. Con mi primer sueldo le compré un par de perlas para las orejas a mi madre y después empecé a ahorrar para casarme, porque a pesar de los pronósticos fatalistas atrapé por casualidad a un novio. Miguel era estudiante de ingeniería, alto, tímido y medio extranjero; la madre era inglesa, el abuelo alemán y se había educado interno desde los siete años en un colegio inglés, donde le inculcaron a golpes de varilla el amor por Gran Bretaña y virtudes victorianas poco prácticas en Chile.

Me aferré a él con desesperación, porque era un tipo realmente bueno, soy romántica, estaba enamorada y, en abierta contradicción a mis prédicas feministas, temía quedarme solterona. Tenía veinte años cuando nos casamos. Mi madre suspiró aliviada y mi abuelo le advirtió al novio que iba a tener muchos problemas conmigo si no lograba domarme, como a los caballos. A mí me preguntó en tono sarcástico si en realidad pensaba cumplir los votos de fidelidad, respeto y obediencia hasta que la muerte nos separara.

Miguel y yo tuvimos dos niños, Paula y Nicolás. Hice un esfuerzo grande por cumplir con el papel de esposa y madre. No quería admitir que me estaba muriendo de tedio; el cerebro se me estaba convirtiendo en sopa de fideos. Me imponía mil tareas y andaba corriendo de un lado a otro como ratón envenenado para no pensar demasiado. Amaba a mi marido y recuerdo los primeros años de mis hijos como una época feliz, aunque por dentro me quemaba de inquietud.

Todo cambió para mí en 1967, cuando entré a colaborar como periodista en *Paula*, una revista femenina/feminista que recién aparecía en el mercado. El nombre no tiene nada que ver con mi hija; Paula era uno de esos nombres que de pronto se ponen de moda. La directora era Delia Vergara, una periodista joven y hermosa, que había vivido un tiempo en Europa y tenía una visión muy clara del tipo de publicación que deseaba y con eso en mente formó su pequeño equipo. Esa revista me salvó de perecer sofocada por la frustración.

Éramos cuatro mujeres de veintitantos años dispuestas a sacudir la mojigatería *chilensis*. Vivíamos en un país socialmente muy conservador y de mentalidad provinciana, donde las costumbres no habían cambiado mucho desde el siglo anterior. Buscábamos inspiración en revistas y libros de Europa y Norteamérica. Leíamos a Sylvia Plath y Betty Friedan, después a Germaine Greer, Kate Millett y otras escritoras que nos ayudaron a afinar ideas y expresarlas de manera elocuente.

Opté por el humor, porque me di cuenta rápidamente de que las ideas más atrevidas eran aceptables si provocaban una sonrisa. Así nació mi columna *Civilice a su troglodita*, que ridiculizaba al machismo, y por una ironía del destino, era muy popular entre los hombres. «Tengo un amigo que es igual a tu troglodita», me decían. Siempre un amigo. Algunas lectoras, en cambio, solían sentirse amenazadas, porque esa columna sacudía el fundamento de su mundo doméstico.

Me sentí a gusto en mi piel por primera vez. No era una lunática solitaria, había millones de mujeres que compartían las mismas inquietudes; existía un movimiento de liberación femenina al otro lado de la cordillera de los Andes y nuestra revista pretendía difundirlo en Chile.

De esas intelectuales extranjeras, cuyos libros leíamos, aprendí que la rabia sin un propósito es inútil y hasta dañina, debía actuar si pretendía cambiar las cosas. La revista *Paula* me dio la oportunidad de transformar en acción el desasosiego tremendo que me atormentaba desde la infancia.

¡Podía escribir! Había cientos de tabúes que deseábamos romper en las páginas de la revista y que incumbían directamente a las mujeres: sexo, dinero, leyes discriminatorias, drogas, virginidad, menopausia, anticonceptivos, alcoholismo, aborto, prostitución, celos, etc. Cuestionábamos conceptos sagrados, como la maternidad, que exigía sacrificio y abnegación total de un solo miembro de la familia, y ventilábamos secretos como la violencia doméstica y la infidelidad femenina, de la cual no se hablaba jamás, eso era privativo de los varones, aunque bastaba hacer el cálculo para ver que las mujeres eran tan infieles como los hombres, si no ¿con quién se acostaban ellos? No podía ser siempre con el mismo grupo de voluntarias.

Mis tres compañeras y yo escribíamos con un cuchillo entre los dientes; éramos una pandilla temible. ¿Qué queríamos cambiar? Nada menos que el mundo, y con la arrogancia de la juventud, pensábamos que se podía hacer en unos diez o quince años. Estoy hablando de hace más de medio siglo y miren dónde estamos todavía, pero no he perdido la confianza de que se puede lograr y mis colegas de entonces, que ahora están tan viejas como yo, tampoco la han perdido. Disculpen por usar el término «vieja», que hoy parece ser peyorativo. Lo hago a propósito, porque estoy orgullosa de serlo.

Cada año vivido y cada nueva arruga cuentan mi historia.

Sylvia Plath, activista y poeta, decía que su mayor tragedia era haber nacido mujer. En mi caso ha sido una bendición. Me ha tocado participar en la revolución femenina, que a medida que se consolida va cambiando la civilización, aunque a lento paso de cangrejo. Mientras más vivo, más contenta estoy de pertenecer a mi género, sobre todo porque di a luz a Paula y Nicolás; esa experiencia trascendental, que hasta ahora los hombres no tienen, definió mi existencia. Los momentos más felices de mi vida fueron cuando sostuve a mis niños recién nacidos en mi pecho. Y el momento más doloroso fue cuando sostuve a Paula moribunda en mis brazos.

No siempre me gustó ser mujer, de chica quería ser hombre, porque era evidente que mis hermanos tenían un futuro más interesante que el mío. Me traicionaron las hormonas y a los doce años se me marcó la cintura y me salieron dos ciruelas sobre las costillas; entonces empecé a darle vueltas a la idea de que en vista de que no podía ser hombre, al menos iba a vivir como si lo fuera. Con tenacidad, esfuerzo y buena suerte lo he logrado.

Racionalmente, pocas mujeres podrían estar tan satisfechas como yo en su condición femenina, porque soportan una infinita injusticia como si fuera una maldición divina, pero resulta que a la mayoría nos gusta ser mujer, a pesar de todo. La alternativa nos parece peor. Por fortuna está creciendo el número de aquellas que logran vencer las limitaciones que se les impone. Se requiere una visión clara, un corazón apasionado y una voluntad heroica para enfrentar la fatiga y las derrotas del camino. Es lo que procuramos inculcar en nuestras hijas y nietas.

Les pregunté a varias de mis amigas y conocidas si están contentas con su género y por qué. Es una pregunta espinosa en estos tiempos en que el concepto de género es fluido, pero en aras de la simplicidad voy a usar los términos de «mujer» y «hombre». Se suscitaron diálogos muy interesantes, pero aclaro que esta es una muestra muy limitada.

Las entrevistadas dijeron que les gustaba ser mujer porque tenemos capacidad de empatía, somos más solidarias que los hombres y más resistentes. Como parimos hijos, estamos por la vida, no por la exterminación. Somos la única salvación posible de la otra mitad de la humanidad. Nuestra misión es nutrir; la destrucción es masculina.

No faltó quien rebatiera esa aseveración con el argumento de que hay mujeres tan malas como el peor de los hombres. Cierto, pero los grandes depredadores son los hombres. El 90 % de los crímenes violentos son cometidos por hombres. En toda circunstancia, tanto en la guerra como en la paz, en el entorno familiar y laboral, ellos se imponen por la fuerza, son responsables de la cultura de codicia y violencia en que vivimos.

Una mujer de unos cuarenta años se refirió a la testosterona, que genera impulsos de agresión, competencia y supremacía. Contó que su ginecóloga le recetó esa hormona en forma de una crema que se frotaba en la barriga para aumentar su libido, pero tuvo que dejarla, porque le salió barba y daba vueltas en el automóvil con intención de atropellar al primer peatón que se le pusiera por delante. Concluyó que prefería vivir con menos libido a tener que afeitarse y andar furiosa.

Hay una cierta soltura en la feminidad, dijeron. A los hombres los entrenan para reprimir las emociones, están limitados por la camisa de fuerza de la masculinidad.

Una de las participantes en esta miniencuesta dijo que los hombres tienen madres y ellas podrían criarlos para que fueran más gentiles. Le recordé que solo las feministas modernas podemos tratar de forjar la mentalidad de nuestros hijos. Históricamente las madres no han podido oponerse al patriarcado. En la actualidad, pleno siglo XXI, una mujer sometida, aislada, sin educación, víctima de la milenaria tradición machista, no tiene poder ni conocimiento para cambiar las costumbres.

Yo pude hacerlo. No perpetué el machismo criando hijos para mandar e hijas para soportar. Así lo hice con Paula y lo apliqué a conciencia con Nicolás. ¿Qué quería para mi hija? Que tuviera opciones y viviera sin miedo.

¿Qué quería para mi hijo? Que fuera buen compañero de las mujeres, no un adversario. No sometí a mis niños a la norma tan difundida en Chile de que las hijas sirvan a los hombres de la familia. Todavía hoy veo a muchachas que se crían haciéndoles la cama y lavándoles la ropa a los hermanos y, naturalmente, después actúan como sirvientas de novios y maridos.

Nicolás asimiló desde la cuna el concepto de igualdad de género, porque si a mí se me pasó algún detalle, su hermana se lo inculcó. En la actualidad Nicolás participa activamente en el manejo de mi fundación, ve a diario las consecuencias del machismo y le toca trabajar para aliviarlas.

La opinión más reveladora fue de Elena, la señora hondureña que limpia mi casa una vez por semana. Vive con sus hijos en Estados Unidos desde hace veintidós años, es indocumentada, no habla casi nada de inglés y teme ser deportada en cualquier momento, como le sucedió a su marido, pero se las arregla para mantener a su familia. A Elena le sobra trabajo, porque es la persona más honesta y responsable que conozco. Cuando le pregunté si le gustaba ser mujer, me miró extrañada. «¿Y qué otra cosa voy a ser, pues, niña Isabel? Así me hizo Dios y no saco nada con quejarme.»

Esta pequeña encuesta entre mis amistades me dio la idea de repetir la misma pregunta entre mis amigos. ¿Les gusta ser hombre o preferirían pertenecer a otro género? ¿Sí? ¿No? ¿Por qué? Pero eso daría para otras cincuenta páginas, así que tendré que esperar.

En gran parte del mundo vivimos en una cultura enfocada hacia la juventud, la belleza y el éxito. Para cualquier mujer resulta muy difícil navegar en esas aguas; para la mayoría es un naufragio seguro. La belleza nos concierne a casi todas las mujeres en la juventud. Sobreviví apenas a ese desafío durante los primeros cincuenta años de mi vida, en que me consideré muy poco atractiva. ¿Con quién me comparaba? En la revista *Paula* me comparaba con mis compañeras, todas guapas, con las modelos que nos rodeaban, con las candidatas al concurso de Miss Chile, que organizábamos anualmente, etc. ¿En qué diablos estaba pensando? Después me tocó vivir en Venezuela, el país de mujeres voluptuosas y bellas por excelencia; ganan todos los concursos internacionales de belleza. Basta asomarse a una playa venezolana para acabar con un complejo de inferioridad insuperable.

Es imposible calzar en el molde que nos imponen la publicidad, el mercado, el arte, los medios de comunicación y las costumbres sociales. Cultivando nuestra baja autoestima nos venden productos y nos controlan. La objetivación de la mujer es tan predominante que no la percibimos y en la juventud nos esclaviza. El feminismo no nos ha salvado de esa esclavitud. Solo nos libramos con la edad, cuando nos convertimos en seres invisibles y ya no somos objeto de deseo, o cuando alguna tragedia nos sacude hasta los huesos y nos confronta con lo fundamental de la existencia. Eso me ocurrió a los cincuenta años, cuando murió mi hija Paula. Por eso aplaudo al feminismo joven que está muy alerta para derrocar estereotipos.

Me niego a capitular ante el modelo eurocéntrico del ideal femenino —joven, blanca, alta, delgada, etc.—, pero celebro nuestro instinto de rodearnos de belleza. Nos adornamos el cuerpo y procuramos adornar nuestro ambiente. Necesitamos algo de armonía, tejemos textiles multicolores, pintamos murales en chozas de barro, hacemos cerámica, encaje, costura, etc. Esa creatividad en las mujeres se llama artesanía y se vende barata; en los hombres se llama arte y se paga cara, como aquel plátano de Maurizio Cattelan pegado con cinta adhesiva a la pared de una galería en Miami y con un precio de 120.000 dólares. En el afán de adornarnos, nos dejamos tentar por baratijas o por la ilusión de que un lápiz de labios pueda mejorarnos el destino.

Entre los seres humanos, tal como en otras especies, los machos también son vanidosos; se engalanan, hacen ruido e inflan el plumaje para atraer a las mejores hembras y sembrar su semilla. La exigencia biológica de reproducirse es implacable. Y con ese fin la belleza cumple un papel fundamental.

Una amiga me manda a menudo por el celular imágenes de aves exóticas. La imaginación de la naturaleza para combinar los colores y formas del plumaje es prodigiosa. Un pajarito diminuto en la selva centroamericana luce un arco iris de colores para atraer a una hembra de aspecto insignificante. Mientras más promiscuo y vistoso es el macho de la especie, más fea es la hembra. ¡Ah, ironías de la evolución! Cuando este pajarito calcula que hay una posible novia por allí, escoge un sitio con buena luz y procede a limpiarlo meticulosamente, retirando del suelo las hojas, ramas o cualquier otra cosa que compita con él. Una vez que tiene el escenario despejado y listo, se instala en el centro, canta y crea mágicamente un abanico fluorescente de plumas verdes. La selva se esfuma por deferencia a la hermosura de este trovador presumido.

Somos criaturas sensuales, vibramos con sonidos, colores, fragancias, texturas, sabores, todo aquello que complace a nuestros sentidos. No solo nos conmueve la belleza de nuestro planeta, que nos ofrece aquella ave del abanico verde, sino también aquello que la humanidad puede crear. Hace muchos años, cuando mis nietos tenían cinco, tres y dos años respectivamente, traje de un viaje a Asia un cajón de madera bastante voluminoso. Lo abrimos en la sala y adentro, recostada en paja, descansaba una estatua de alabastro de un metro de altura. Era un Buda sereno, joven y esbelto, meditando con los ojos cerrados. Los tres niños soltaron sus juguetes y durante largo rato se quedaron mudos, fascinados, contemplando la estatua como si entendieran perfectamente que estaban ante algo extraordinario. Muchos años más tarde, mis nietos todavía saludan al Buda cada vez que entran en mi casa.

Después de la muerte de mis padres me tocó la triste tarea de desmantelar su casa. Mi madre se las había arreglado para comprar muebles, adornos y objetos de calidad en cada destinación diplomática. No fue fácil, porque el tío Ramón debía mantener a cuatro hijos propios y tres de mi madre, y siempre andaban cortos de dinero. El argumento de Panchita era que el refinamiento no se da por generación espontánea y no sale barato. Cada adquisición provocaba una pelea. Los enseres de esa casa viajaron tanto por el mundo que si eso fuera un valor agregado costarían una fortuna.

Me encantaba ver a mi madre en el escenario que había creado para sí misma, como aquel pajarito de pecho verde. De ella heredé el deseo de arreglar mi casa, pero soy consciente de que nada es permanente, todo cambia, se descompone, se desintegra o se muere, por lo tanto no me aferro a nada.

Al repartir las pertenencias de mis padres aprendí que mucho de lo que acumularon ya no tiene valor, porque en la vida moderna no hay tiempo para sacudir alfombras persas, pulir platería o lavar cristal a mano, tampoco hay espacio para cuadros, piano de cola o muebles antiguos. De todo aquello que tanto cuidó mi madre, solo me quedé con algunas fotografías, un retrato de ella pintado en Lima, cuando era una joven muy desdichada, y un antiguo samovar ruso para servirles té a mis Hermanas del Perpetuo Desorden, un círculo de amigas que forman mi mal llamado grupo de oración, porque de rezos, nada.

Una joven de veinticinco años, la belleza oficial de su familia y sus amistades, con la actitud y confianza para llevar ese título, me dijo: «Tengo algo de ventaja, soy alta y estoy en mejor forma que el promedio; soy atractiva. Sin embargo, por eso mismo estoy expuesta al acoso. Cuando era adolescente un hombre se aprovechó de mí. El abuso sexual y la humillación duraron más de un año; le tenía miedo. Por suerte mi familia me ayudó incondicionalmente y así pude salir de esa relación tóxica. Yo era débil, inexperta y vulnerable, tuve la culpa por coqueta y por no medir los riesgos».

Le impedí desviarse por ese camino tan trillado de culpar a la víctima por los actos del depredador. No le pasó aquello por ser bonita, sino simplemente por ser mujer.

Según el mito popular, las mujeres somos más vanidosas que los hombres, porque nos preocupamos de nuestra apariencia, pero la vanidad masculina es mucho más profunda y costosa. Observen sus uniformes militares y condecoraciones, la pompa y solemnidad con que se dan aires, los extremos a que llegan para impresionar a las mujeres y provocar envidia en otros varones, sus juguetes de lujo, como los automóviles, y sus juguetes de supremacía, como las armas. Creo que podemos concluir que todos, hombres y mujeres, pecamos de vanidad en términos similares.

Panchita, mi madre, fue hermosa siempre y eso, tenemos que reconocerlo, a menudo es una ventaja. Hay fotos de ella a los tres años en que ya se adivina la beldad que llegaría a ser y otras a los noventa y tantos en que sin duda lo era, pero en su familia el aspecto físico no se mencionaba, era de mal gusto. Lo normal era que los niños no fueran elogiados para evitar que se volvieran presumidos; si sacó las mejores notas de su clase, solo cumplía con su deber; si ganó el campeonato de natación, debió esmerarse para batir el récord; si la niña salió bonita, no tiene de qué jactarse, porque se lo debe a sus genes. Nada era suficiente. Así fue mi infancia y la verdad es que eso me preparó para las asperezas de la vida. No espero que me celebren. Cuando mis nietos eran chicos traté de aplicar el método chileno de crianza, pero sus padres me lo impidieron; temían que la abuela desalmada traumatizara a los críos.

Panchita vivió sin valorar el don de la belleza hasta su madurez, cuando de tanto oírlo en boca de otros, terminó por creerlo. Cuando llevé a Roger, mi último novio, a Chile para presentarlo a mis padres, quedó impresionado con ella y le dijo que era muy hermosa. Ella señaló a su marido y con un suspiro le contestó: «Él nunca me lo ha dicho». El tío Ramón intervino secamente: «Así será, pero yo la vi primero».

En los últimos meses de su existencia, cuando necesitaba asistencia para todo, hasta lo más íntimo, mi madre me comentó que se había resignado a aceptar ayuda y agradecerla. «Con la dependencia una se pone humilde», me confesó. Y después de una pausa en que lo dicho le quedó dando vueltas en la cabeza, agregó: «Pero lo humilde no quita lo vanidosa». Se vestía con toda la elegancia que su inmovilidad le permitía, la frotaban entera con crema humectante al levantarla y al acostarla, una peluquera acudía a lavarle el pelo y peinarla dos veces por semana y se maquillaba a diario, pero con discreción «porque no hay nada tan ridículo como una vieja pintarrajeada», como decía. A los noventa y tantos años se miraba al espejo satisfecha. «No me veo mal, a pesar de los perjuicios de la edad. Las pocas amigas que me quedan vivas parecen iguanas.»

De mi madre heredé la vanidad, pero la mantuve soterrada en el fondo de los huesos durante muchos años, hasta que pude sacudirme la voz de mi abuelo burlándose de quienes pretenden ser lo que no son. Eso incluía lápiz de labios y barniz de uñas, porque nadie nace con la boca y las uñas rojas.

A los veintitrés años me hice mechas rubias, los famosos «rayitos», que se habían puesto de moda. Mi abuelo me preguntó si un gato se había orinado en mi cabeza. Avergonzada, dejé de visitarlo durante varios días, hasta que me llamó para averiguar qué me pasaba. No volvió a mencionar mi pelo y entendí que no era necesario hacerle caso en todo. Tal vez con ese incidente comencé a cultivar la vanidad, no como el pecado que era para mi abuelo, sino como el placer inocuo que puede ser si no se toma en serio. No me arrepiento de habérmelo permitido desde entonces, pero admito que me ha costado energía, tiempo y dinero persiguiendo un ideal, hasta comprender por fin que lo único razonable es sacarle partido a aquello que la naturaleza me dio. No es mucho.

Carezco de los atributos físicos de Panchita, así que mi vanidad requiere mucha disciplina. Salto de la cama una hora antes que los demás habitantes de la casa para ducharme y hacerme la cara, porque al despertar parezco un boxeador golpeado. El maquillaje es mi mejor amigo y la ropa adecuada me ayuda a disimular el colapso de algunas presas que se han caído y no las encuentro por allá abajo. Evito andar a la moda, porque es arriesgado. En algunas fotografías antiguas aparezco encinta de siete meses, con minifalda y el pelo inflado como si llevara dos pelucas. No me conviene andar a la moda.

Para una mujer presumida, como yo, es duro envejecer. Por dentro todavía soy seductora, pero nadie lo nota. Confieso que me ofende un poco la invisibilidad, prefiero ser el centro de atención. Quiero seguir siendo sensual —dentro de ciertos límites— y para eso es conveniente sentirse deseada, pero a mi edad eso no se da fácilmente. En general la sensualidad es cuestión de hormonas e imaginación. Tomo píldoras para reemplazar a las primeras y por el momento no me falla la segunda.

¿Por qué tanto lío con mi apariencia? ¿Dónde quedó el feminismo? Porque me da placer. Me gustan las telas, los colores, el maquillaje y la rutina de arreglarme cada mañana, aunque paso la mayor parte del tiempo encerrada en el ático escribiendo. «Nadie me ve, pero yo me veo a mí misma», como decía mi madre filosóficamente, sin referirse solo al físico, sino también a aspectos profundos del carácter y la conducta. Es mi manera de desafiar a la decrepitud. Me ayuda mucho contar con un enamorado que me ve con el corazón; para Roger soy una supermodelo, solo que mucho más bajita.

A medida que se acumulan los años cambia mi idea de la sensualidad. En 1998 escribí un libro sobre afrodisíacos, una especie de memoria de los sentidos, que naturalmente se titula *Afrodita*. Los afrodisíacos son aquellas sustancias que aumentan el deseo y la capacidad sexual. Antes de que se popularizaran drogas como el Viagra, se confiaba en ciertos alimentos que supuestamente lograban ese efecto. Un buen ejemplo es la berenjena; las novias de Turquía debían aprender a cocinar docenas de recetas de berenjena para garantizar el entusiasmo de su futuro marido por hacer cabriolas. Creo que ahora los maridos prefieren una hamburguesa.

Los afrodisíacos se desarrollaron en países como China, Persia o la India, en que el hombre debía satisfacer a varias mujeres. En China el bienestar de la nación podía medirse por el número de hijos que engendraba el emperador, para lo cual contaba con cientos de jóvenes concubinas.

Pasé un año investigando para ese libro, leyendo y buscando inspiración en tiendas de erotismo, experimentando con recetas afrodisíacas en la cocina y poniendo a prueba los platos. Los afrodisíacos son como la magia negra. Les aconsejo que si piensan administrarlos, se lo anuncien a la víctima si quieren resultados visibles. Esto lo descubrí con los amigos que venían como conejillos de Indias a probar mis platos. La receta surtía efecto solo en aquellos invitados que fueron debidamente informados de que era afrodisíaca. Supongo que era así porque se despedían con rapidez. Los demás ni se enteraban. La sugestión obra milagros.

Antes fantaseaba con una noche en compañía de Antonio Banderas, pero ahora esa remota posibilidad me parece agotadora. Mucho más sensual es una ducha larga y echarme con Roger y mis perras entre dos sábanas bien planchadas a ver la televisión. Y para eso no necesito ropa interior de seda que disimule mi celulitis.

Cuando escribí *Afrodita*, tenía cincuenta y seis años. Hoy no podría escribir ese libro, el tema me parece fantasioso, cocinar me aburre y no tengo ni la menor intención de administrarle afrodisíacos a nadie. En el pasado dije a menudo que no podía escribir un libro erótico porque mi madre estaba viva. Después de que Panchita muriera, varias lectoras me han escrito para pedirme que lo haga. Lo siento, me temo que es tarde, porque mi madre se demoró mucho en despedirse de este mundo y ahora el erotismo me interesa bastante menos que la ternura y la risa. Tal vez debería aumentar mi dosis de estrógeno y empezar a frotarme crema de testosterona en la barriga.

No quisiera volver a cometer las tonterías épicas que cometí entre los treinta y los cincuenta años por culpa de la pasión sexual, pero tampoco quiero olvidarlas, porque son como medallas al mérito.

Admito, sin embargo, que a veces el corazón apasionado me nubla el entendimiento. Si no es una causa que me obsesione, como la justicia, la defensa de los pobres y los animales y, por supuesto, el feminismo, casi siempre lo que me nubla la razón es un amor fulminante. Así fue en 1976, en Venezuela, cuando me enamoré de un músico argentino que había escapado de la llamada «guerra sucia» en su país. Dejé a mi buen marido y a mis dos hijos por seguirlo a España, me llevé un chasco tremendo y volví junto a mi familia con el corazón en pedazos y la cola entre las piernas. Habrían de pasar diez años antes de que mis hijos me perdonaran esa traición.

Aquel Flautista de Hamelín no es el único amante por quien he hecho locuras. En 1987, en una gira de libros, conocí a Willie, un abogado de California. Sin vacilar abandoné mi casa en Caracas, me despedí de los hijos, que ya eran adultos y no me necesitaban, y me trasladé a vivir con él, sin equipaje y sin haber sido invitada. Un poco más tarde me las arreglé de alguna manera para obligar a Willie a casarse conmigo, porque necesitaba una visa que me permitiera traer a mis hijos a Estados Unidos.

A mi edad se vive la pasión como en la juventud, pero antes de cometer una imprudencia lo pienso durante un tiempo, digamos dos o tres días. Del mismo modo me dejé seducir en 2016, a los setenta y tantos años, cuando se me cruzó por delante el hombre adecuado: un impulso del corazón. Ese fue el hombre que habría de convertirse en mi tercer marido, pero no quiero adelantarme. Paciencia, ya les contaré de Roger.

La pasión erótica se me ha calmado bastante y tal vez un día desaparecerá, porque dicen que eso pasa con los años. No hay por qué contemplar esa posibilidad todavía; espero que si ocurre, la pasión pueda ser reemplazada con humor, ternura y compañerismo, como hacen algunas amigas de mi edad que viven en pareja. Me pregunto qué se hace si a uno de los dos se le enfría la pasión y pierde la libido antes que el otro. No sé, ya lo veré si llega el momento.

La emancipación de la mujer no es incompatible con su feminidad, más bien creo que son complementarias. Un espíritu libre puede ser sexy, según cómo se lo mire. Admito modestamente que no me han faltado pretendientes en mi prolongada existencia, a pesar del feminismo. Superé la menopausia hace tres décadas y todavía puedo ser sexy en privado, mediante ciertas estrategias, claro está. A la luz de una vela puedo engañar a algún distraído, siempre que se haya tomado tres vasos de vino, se quite los lentes y no retroceda ante una compañera que toma la iniciativa.

Por fortuna la sexualidad ya no está sujeta a reglas fijas o clasificaciones. Mis nietos me aseguran que no son binarios y cuando me presentan a sus amigos debo preguntar cuál es el pronombre preferido de cada uno. No me resulta fácil recordarlos, porque vivo en California y el inglés es mi segunda lengua y a veces hay que conjugar el verbo en singular con un pronombre en plural. En español es más complicado, porque los sustantivos y adjetivos tienen género.

El cuestionamiento de los pronombres comenzó en la ex-Yugoslavia, que al cabo de guerras terribles se fracturó entre 1991 y 2006 en seis repúblicas soberanas, Eslovenia, Croacia, Bosnia-Herzegovina, Montenegro, Macedonia del Norte y Serbia. En ese ambiente de guerra y machismo extremo, el patriotismo era una mezcla inseparable de patriarcado, nación y misoginia. La masculinidad se definió como fuerza, poder, violencia y conquista. Las mujeres y niñas pertenecientes al propio grupo debían ser protegidas y dar a luz hijos para la nación. Las del enemigo eran violadas y torturadas con el plan sistemático de preñarlas y de humillar a los hombres. El cálculo más conservador es de veinte mil mujeres musulmanas de Bosnia violadas por los serbios, pero la cifra puede haber sido mucho mayor.

Al término del conflicto la juventud rechazó la división de género impuesta por el ultranacionalismo, rehusó ser clasificada en masculino o femenino y cambió el uso de los pronombres por otros no binarios. A Estados Unidos y al resto de Europa la práctica llegó varios años más tarde. En español se ha adoptado *elle* y *elles* y una terminación neutra para sustantivos y adjetivos, por ejemplo, *amigue* en vez de «amiga» o «amigo». También se usa en algunos casos la terminación femenina en vez de masculina, como el partido político Unidas Podemos, en vez de Unidos Podemos. Es complicado, pero supongo que si la práctica se impone, nos acostumbraremos.

El lenguaje es muy importante porque suele determinar la forma en que pensamos. Las palabras son poderosas. Al patriarcado le conviene clasificar a la gente, así es más fácil ejercer control. Aceptamos automáticamente ser puestos en categorías de género, raza, edad, etc., pero muchos jóvenes están desafiando esas divisiones.

Aparentemente pasaron de moda los roles femenino y masculino, se puede escoger entre diversas alternativas según el estado de ánimo, pero soy fatalmente heterosexual y eso limita mucho mis opciones; más conveniente sería ser bisexual o lesbiana, porque las mujeres de mi edad son más interesantes y envejecen mejor que los hombres. ¿Creen que exagero? Echen una mirada a su alrededor.

Las fuerzas del oscurantismo, especialmente las religiosas y las de la tradición, le niegan a la mujer el derecho a ejercer su sexualidad y al placer. Hay muchos ejemplos de esto, desde la obsesión por el himen y la fidelidad femenina, hasta la mutilación genital y la burka. La mujer sexual asusta al hombre. Tiene que controlarla para asegurarse de que ella no tenga relaciones múltiples, que no pueda compararlo con otros o prescindir de él. Si ella busca placer y variedad, él no puede estar seguro de su paternidad.

En Occidente esas fuerzas del oscurantismo han tenido que retroceder, pero siguen acechando. Crecí en un tiempo de machismo rampante en que el deseo sexual y la promiscuidad eran privativos de los varones. Se suponía que las hembras son naturalmente castas y deben ser seducidas. No podíamos contribuir a nuestra seducción, debíamos fingir que cedíamos por cansancio para que no nos tacharan de «sueltas». Si lo hacíamos y el varón contaba su hazaña, nos «mosqueábamos» y pasábamos a la categoría de «frescas». El impulso sexual femenino era negado y cualquier alternativa a la relación heterosexual y monógama se consideraba una desviación o un pecado.

Hombres necios que acusáis
a la mujer sin razón,
sin ver que sois la ocasión
de lo mismo que culpáis:

si con ansia sin igual
solicitáis su desdén,
¿por qué queréis que obren bien
si las incitáis al mal?

[…]

¿Cuál mayor culpa ha tenido
en una pasión errada:
la que cae de rogada
o el que ruega de caído?

¿O cuál es más de culpar,
aunque cualquiera mal haga:
la que peca por la paga
o el que paga por pecar?

JUANA INÉS DE LA CRUZ,
«Hombres necios»

A lo largo de mi vida he demostrado ser una romántica incurable, pero el romance en la literatura es un tremendo desafío para mí. Llevo muchos años escribiendo sin haber desarrollado el talento de las maestras de la novela rosa y sé que nunca lo alcanzaré. Trato de imaginar el amante que mis lectoras heterosexuales desearían, pero ese compendio de virtudes masculinas no se me da. Se supone que el ideal es guapo, fuerte, rico o poderoso, nada tonto, desilusionado del amor, pero listo para dejarse seducir por la protagonista, en fin, para qué sigo. No conozco a nadie que pudiera servirme de modelo.

Si logro crear un amante de película, digamos un joven idealista y corajudo, puro músculo y piel morena, pelo largo negro y ojos de terciopelo, como Huberto Naranjo en *Eva Luna*, siempre resulta ser peligroso o escurridizo; su atractivo suele ser fatal para mi personaje femenino, que terminaría con el corazón destrozado a menos que yo lo mate oportunamente hacia la mitad de la novela. A veces el héroe es buena persona, pero si se pone muy romántico debe morir para evitar el final feliz de novela rosa, como Ryan Miller en *El juego de Ripper*. En ese caso tuve que elegir entre matarlo a él o a su perro Atila. ¿Qué habrían hecho ustedes?

Los amantes de mis libros son guerrilleros fanáticos, mercaderes con labio leporino, profesores vegetarianos, octogenarios invisibles, soldados amputados, etc. Entre las escasas excepciones que sobreviven a mi instinto asesino, están el capitán Rodrigo de Quiroga y el Zorro. El primero es un personaje histórico, el valiente conquistador de Chile, esposo de Inés Suárez. Se salvó de mis tijeras porque no lo inventé; en la vida real se murió guerreando cuando ya era un anciano. El Zorro tampoco es creación mía. Ese enmascarado de California tiene más de cien años de existencia y todavía trepa balcones para seducir doncellas inocentes y esposas aburridas. No puedo matarlo porque el *copyright* pertenece a una corporación con buenos abogados.

Mis nietos han tratado de ilustrarme sobre las múltiples formas de amor que hoy imperan entre los jóvenes. Cuando me hablaron de relaciones poliamorosas, por ejemplo, les conté que han existido siempre. Cuando yo era joven, en los años sesenta y setenta, eso se llamaba amor libre, pero me aseguran que no es lo mismo, porque muchos ya no se definen como binarios —masculino/femenino— y las combinaciones de parejas y grupos son más interesantes que las de mi tiempo. Me revienta cuando hablan de «mi tiempo». ¡Este es mi tiempo! Pero debo admitir que lamentablemente ya no tengo edad para aventurarme en el terreno de las modernas relaciones poliamorosas no binarias.

Ya que hablamos de amor moderno, no puedo dejar de referirme al amor en línea, como se usa ahora. Cuando en 2015 me divorcié de Willie, mi segundo marido, después de veintiocho años de vida en común, decidí vivir sola en una casa pequeña. Volver a casarme y empezar otra vez con un viejo lleno de manías y achaques me parecía una pesadilla y atraer a algún amante era una posibilidad tan remota como que me brotaran alas. Así y todo, algunas amigas más jóvenes me sugirieron que buscara en línea.

¿Cómo iba a hacerlo si ni siquiera soy capaz de encargar algo a Amazon? Nadie habría contestado mi aviso: *Abuela de setenta y tres años, inmigrante latina documentada, feminista, chaparrita y sin habilidades domésticas busca un compañero limpio y con buenos modales para ir a restaurantes y al cine.*

El eufemismo para buena disposición sexual es «espontáneo», o algo así de vago. No soy «espontánea» en abstracto, necesito intimidad, penumbra, simpatía y mariguana. En las mujeres la pasión sexual disminuye o desaparece con la edad, a menos que estemos enamoradas. Aparentemente no sucede así con los varones. Leí en alguna parte, aunque debe de ser un mito, que ellos piensan en el sexo cada tres minutos como promedio y se aferran a sus fantasías eróticas hasta la muerte, aunque muchos ya ni siquiera recuerden lo que es una erección. Es sorprendente que logren realizar algo en la vida en tales condiciones.

Cualquier sesentón panzudo y gruñón se siente capaz de pretender a una mujer veinte o treinta años más joven, como se puede comprobar a diario, en cambio una mujer mayor con un tipo joven todavía resulta obsceno. He aquí un ejemplo de aviso en línea: *Contador jubilado, setenta años, experto en vinos y restaurantes, busca mujer entre veinticinco y treinta, tetona, con alto nivel de libido, para pasarlo bien.* Me pregunto quién responde a ese tipo de aviso. Como la mayoría de los hombres buscan mujeres mucho más jóvenes que ellos, si algún incauto se hubiera interesado en mi aviso, tendría cerca de cien años.

Mi curiosidad de periodista me indujo a investigar y empecé a entrevistar a mujeres de diversas edades que habían recurrido a internet para encontrar pareja. También investigué a un par de agencias casamenteras, que resultaron fraudulentas. Por una cifra astronómica garantizaban ocho citas con hombres adecuados. Me ofrecieron profesionales cultos, progresistas, entre sesenta y cinco y setenta y cinco años, en buen estado de salud, etc. Salí con tres o cuatro señores que calzaban con esa descripción y pronto me di cuenta de que trabajaban para la agencia. Eran los mismos tipos que salían con todas las clientes para cumplir la cuota estipulada de ocho citas.

Internet es más honesta y es muy esperanzador el número de parejas que se forman en línea. A veces, sin embargo, se presta a abuso. Judith, una joven atractiva de treinta y un años, estuvo esperando a su cita en un bar durante cuarenta minutos. Cuando se dio por vencida e iba llegando a su coche recibió un mensaje de texto: «Estoy en el bar, pero no me acerqué porque eres fea, gorda y vieja». ¿Por qué tanta maldad, digo yo? Judith pasó meses deprimida por culpa de un enfermo mental que gozaba dañando a una desconocida.

He aquí otro caso interesante. Brenda, una ejecutiva exitosa de cuarenta y seis años, se enamoró en línea de un romántico y apasionado arquitecto inglés. Estaban separados por nueve horas de diferencia y otras diez de avión, pero unidos por tantas ideas e inclinaciones comunes como si hubieran crecido juntos. El arquitecto compartía con Brenda desde los gustos en materia de música hasta la predilección por los gatos persas. En un par de oportunidades él quiso viajar a California para que pudieran conocerse, pero se interpusieron las exigencias de su trabajo. Ella le propuso ir a Londres, pero él deseaba verla en su ambiente, en su casa, con sus amistades y sus gatos de exposición. Finalmente se pusieron de acuerdo para juntarse apenas él regresara de Turquía, donde tenía un proyecto muy importante.

En eso estaban cuando Brenda recibió la llamada de un abogado diciendo que el arquitecto había atropellado con un coche alquilado a una persona en Estambul, estaba preso y desesperado, las condiciones en la prisión eran una pesadilla, necesitaba con urgencia un préstamo inmediato para la fianza, que se debía depositar en cierta cuenta.

Brenda estaba muy enamorada, pero no era estúpida. La cifra era altísima, incluso para alguien con tantos recursos como ella, y antes de mandar el giro consultó a un detective local. «Mire, señora, no le voy a cobrar, porque no necesito investigar este caso, lo conozco de memoria», le dijo el detective, y procedió a explicarle que se trataba de un embaucador conocido, un actor cesante de Los Ángeles especializado en encontrar en internet a mujeres solas y adineradas. Averiguaba todo lo posible sobre ellas para crear al pretendiente ideal. Brenda tenía una página web muy informativa y el resto él se lo sonsacó en largas conversaciones con su falso acento de aristócrata inglés. La sedujo tal como había hecho varias veces antes con otras mujeres.

Ella no envió el dinero para la supuesta fianza y no volvió a oír más del tipo. La desilusión fue tan monumental que no pudo lamentar la pérdida del amor, solo agradecer el haberse salvado a tiempo. La moraleja, según ella: no hay que confiar en los arquitectos ingleses.

Yo no tengo la astucia de Brenda. No solo habría juntado el dinero para la fianza, sino que hubiera viajado esa misma noche a Turquía para rescatar al hombre del calabozo. Afortunadamente no tuve que exponerme a nada de eso y tampoco me quedé sola, como había planeado, porque el cielo me mandó al trovador que yo no andaba buscando.

Hemos hablado de pasión sexual y romántica, pero ¿qué significa ser apasionada? De acuerdo con el diccionario, es una perturbación o afecto desordenado del ánimo; también la describen como una emoción poderosa e irresistible que puede conducir a acciones obsesivas o peligrosas. Mi propia definición es menos sombría. Pasión es entusiasmo incontenible, energía exuberante y entrega decidida a algo o a alguien. Lo bueno de la pasión es que nos impulsa hacia delante y nos mantiene comprometidos y jóvenes. Me he estado entrenando durante años para llegar a ser una anciana apasionada, tal como otros se entrenan para escalar montañas o competir en ajedrez. No quiero que la cautela propia de los años destruya mi pasión por la vida.

Mencioné a Eliza Sommers, la protagonista de *Hija de la fortuna*. Sin duda era atrevida y valiente, porque se embarcó de polizón en un barco de carga para navegar durante semanas por el Pacífico hasta California, pero a diferencia de los aventureros, bandidos, fugitivos de la justicia y otros hombres locos de ambición, que llegaron en busca del oro, ella lo hizo por amor. Era un amor apasionado por un joven que tal vez no la merecía. Lo buscó por todos lados con una pasión tenaz, soportando las condiciones más duras, en una región hostil y muy peligrosa, con la sombra de la violencia y la muerte siempre acechando.

Casi todas las protagonistas femeninas de mis libros son apasionadas, porque esa es la gente que me interesa, la que se arriesga y es capaz de cometer acciones obsesivas o peligrosas, como dice el diccionario. Una vida tranquila y segura no es buen material para la ficción.

A veces me han descrito como una persona apasionada, porque no me quedé tranquila en mi casa como se esperaba de mí, pero debo aclarar que no siempre mis acciones arriesgadas fueron motivadas por un temperamento apasionado, sino porque las circunstancias me lanzaron en direcciones inesperadas y no tuve más remedio que bregar. He vivido en un mar tormentoso, con olas que me elevan y luego me precipitan al vacío. Tan fuerte ha sido ese oleaje que antes, cuando todo iba bien, en vez de relajarme en la paz del momento, me preparaba para la caída violenta, que creía inevitable. Ya no es así. Ahora navego a la deriva, día a día, contenta con el solo hecho de flotar mientras se pueda.

Aunque de joven era muy apasionada, no recuerdo si alguna vez tuve ambiciones literarias; creo que la idea no se me ocurrió porque la ambición era cosa de varones y si se aplicaba a una mujer, era un insulto. Fue necesario el movimiento de liberación femenina para que algunas mujeres se apoderaran de ese concepto, tal como lo hicieron con la ira, la asertividad, la competencia, el gusto por el poder, el erotismo y determinación para decir que NO. Las de mi generación agarrábamos de vez en cuando las oportunidades disponibles, que no eran muchas, pero rara vez trazábamos un plan para triunfar.

A falta de ambición, tuve buena suerte. Nadie, y menos yo, podía prever la aceptación instantánea que tuvo mi primera novela y ha tenido el resto de mis libros. Tal vez mi abuela tenía razón cuando profetizó que su nieta iba a ser afortunada, porque nació con una mancha en forma de estrella en la espalda. Durante años pensé que eso me distinguía, pero resulta que es muy común y además se va borrando con el tiempo.

Siempre fui disciplinada en el trabajo, porque me marcó

la admonición de mi abuelo de que todo tiempo ocioso es tiempo muerto. Esa fue mi norma durante décadas, pero he aprendido que el ocio puede ser tierra fértil donde florece la creatividad. Ya no me atormento con un exceso de disciplina, como antes; escribo por el placer de contar una historia palabra a palabra, paso a paso, disfrutando con el proceso y sin pensar en el resultado. No me amarro a una silla días enteros escribiendo con concentración de notario. Puedo relajarme, porque gozo del raro privilegio de tener leales lectoras y buenos editores que no tratan de influenciar mi trabajo.

Escribo sobre lo que me importa, a mi propio ritmo. Y en esas horas ociosas, que mi abuelo llamaba horas malgastadas, los fantasmas de la imaginación se convierten en personajes definidos, únicos, con su propia voz y dispuestos a contarme sus vidas si les doy suficiente tiempo. Los siento a mi alrededor con tanta certeza que me extraña que nadie más los perciba.

Derrotar a mi disciplina obsesiva no fue cosa de un día para otro, me tomó años. En terapia y en mi exigua práctica espiritual aprendí a decirle a mi superego que se vaya al diablo y me deje en paz, quiero gozar de mi libertad. El superego no es lo mismo que la conciencia, el primero nos castiga y la segunda nos guía. Dejé de prestarle atención al capataz que vive dentro de mí imponiéndome cumplimiento y desempeño con la voz de mi abuelo. La ardua carrera cuesta arriba terminó, ahora me paseo tranquilamente en el territorio de la intuición, que ha resultado ser el mejor ambiente para la escritura.

Mi primera novela, *La casa de los espíritus,* se publicó en 1982, a fines del *boom* de la literatura latinoamericana, como se llamó a los libros magníficos de un grupo de famosos escritores del continente. El *boom* fue un fenómeno masculino. Las escritoras de Latinoamérica eran ignoradas por críticos, profesores, estudiantes de literatura y por las editoriales, que en caso de publicarlas lo hacían en ediciones insignificantes, sin promoción ni distribución adecuadas. La aceptación que tuvo mi novela fue una sorpresa. Se dijo que había tomado el mundo literario por asalto. ¡Vaya! De pronto fue evidente que el público lector de novelas era en su mayoría femenino; existía un mercado importante esperando que las editoriales se avivaran. Así lo hicieron y treinta y tantos años más tarde se publica tanta ficción escrita por mujeres como por hombres.

Y este es el momento de rendirle un homenaje póstumo a Carmen Balcells, otra de las mujeres inolvidables que me ayudaron a avanzar en el camino de la vida. Carmen, la famosa agente literaria de Barcelona, era la madraza de casi todos los grandes escritores del *boom* y cientos de otros autores en lengua española. Ella tuvo el ojo de reconocer algún mérito en mi primera novela y conseguir que se publicara primero en España y después en muchos otros países; a ella le debo lo que he logrado en este extraño oficio de la escritura.

Yo era una desconocida que había escrito una primera novelita en la cocina de su apartamento en Caracas. Carmen me invitó a Barcelona para el lanzamiento del libro. No me conocía de nada y me trató como a una celebridad. Ofreció una fiesta en grande en su casa para presentarme a la élite intelectual de la ciudad: críticos, periodistas y escritores. Yo no conocía a nadie, iba vestida de hippy y estaba completamente fuera de lugar, pero ella me tranquilizó con una sola frase: «Aquí nadie sabe más que tú, todos improvisamos». Eso me recordó el consejo que me repetía el tío Ramón: «Acuérdate de que todos tienen más miedo que tú».

Esa cena fue la única ocasión en que he visto servir caviar ruso con cucharón de sopa. En la mesa ella levantó su copa para brindar por mi libro y justamente en ese instante se cortó la luz y quedamos en tinieblas. «Los espíritus de esta chilena han venido a brindar con nosotros. ¡Salud!», dijo sin vacilar ni un instante, como si lo hubiera ensayado.

Carmen fue mi mentora y amiga. Me decía que no éramos amigas, que yo era su cliente y ella era mi agente, solo nos unía una relación comercial, pero eso no era verdad en absoluto. (Tampoco era verdad cuando decía que le hubiera gustado ser mujer objeto. No puedo imaginar a nadie menos dotado para ese papel.) Carmen estuvo a mi lado en los momentos más significativos, desde la enfermedad de Paula hasta los matrimonios y divorcios, incondicional, siempre presente.

Esta mujer capaz de enfrentarse al más matón, consultaba a su astróloga, creía en psíquicos, gurús y magia, se emocionaba y lloraba con facilidad. Tanto lloraba que Gabriel García Márquez le dedicó uno de sus libros: «A Carmen Balcells, bañada en lágrimas».

Era generosa hasta la demencia. A mi madre le envió ochenta rosas blancas a Chile cuando cumplió esa edad y al tío Ramón noventa y nueve para su cumpleaños. Nunca olvidaba esa fecha porque ambos nacieron el mismo día en agosto. Una vez me regaló un juego completo de maletas

Vuitton, porque le pareció que mi equipaje era ordinario y anticuado. Me las robaron todas en el aeropuerto de Caracas la primera y única vez que las usé, pero no se lo conté a Carmen porque las hubiera reemplazado sin vacilar. Me mandaba tantos chocolates que todavía suelo encontrar algunos en los rincones más inesperados de mi casa.

La muerte sorpresiva de esta catalana formidable me dejó durante un tiempo con la sensación de haber perdido el salvavidas que me mantenía a flote en el mar tormentoso de la literatura, pero la agencia que ella formó con su talento y visión sigue funcionando sin tropiezos bajo la dirección de su hijo Luis Miguel Palomares.

La foto de Carmen está sobre mi escritorio para recordarme sus consejos: cualquiera puede escribir un buen primer libro, el escritor se prueba en el segundo y en los siguientes; a ti te van a juzgar muy duramente, porque a las mujeres no nos perdonan el éxito; escribe lo que quieras, no permitas que nadie se meta ni en tu trabajo ni con tu dinero; a tus hijos los tratas como príncipes, lo merecen; cásate, un marido, por tonto que sea, viste.

Tal como me advirtió Carmen, me ha costado décadas obtener el reconocimiento que cualquier autor masculino en mi situación daría por sentado. En Chile es donde me ha sido más difícil ser aceptada por la crítica, aunque siempre he contado con el afecto de los lectores. No les guardo ni el menor resentimiento a esos críticos, porque es una característica del país, allí a cualquiera que se eleve por encima de la media lo aplastan, salvo a los futbolistas. Tenemos un sustantivo y un verbo para esto: «chaqueteo» y «chaquetear». Es decir, coger al atrevido por el faldón de la chaqueta y halarlo hacia abajo. Si la víctima es mujer, la crueldad y la prisa se duplican para evitar que se le suban los humos a la cabeza. Si no me chaquetearan, me asustaría, querría decir que no tengo ni la menor importancia.

Después de haber publicado veinte libros traducidos a cuarenta y tantos idiomas, un escritor chileno cuyo nombre no recuerdo dijo, con motivo de mi candidatura al Premio Nacional de Literatura, que yo ni siquiera era escritora, era escribidora. Carmen Balcells le preguntó si había leído algo escrito por mí en lo que basar su opinión y le respondió que ni muerto lo haría. En 2010, con el apoyo de cuatro expresidentes de la República, varios partidos políticos y la Cámara de Diputados, me otorgaron ese premio y recién entonces me gané finalmente algo de respeto de los críticos de mi país. Carmen me mandó cinco kilos de chocolates rellenos con naranjas confitadas, mis favoritos.

Decía Mae West, la diva del cine antiguo, que nunca se es demasiado vieja para volverse más joven. El amor rejuvenece, de eso no hay duda. Estoy viviendo un nuevo amor y tal vez por eso me siento sana y entusiasmada como si tuviera treinta años menos. En mi caso particular se trata de un exceso de endorfina, la hormona de la felicidad. Parece que en general todos nos sentimos más jóvenes que los años cronológicos y nos llevamos una sorpresa cuando el calendario nos recuerda que ya pasó otro año u otra década. El tiempo se nos escurre deprisa. Tanto se me olvida la edad que me desconcierto si me ofrecen el asiento en el bus.

Me siento joven porque todavía puedo revolcarme por el suelo con las perras, escaparme a tomar helados, recordar lo que comí en el desayuno y hacer el amor con risa. Por prudencia, sin embargo, no pongo a prueba mis capacidades y acepto calladamente mis limitaciones; hago menos que antes y mido mi tiempo, porque me demoro más en cualquier tarea; rehúso compromisos desagradables, que antes hacía por obligación, como viajes innecesarios y reuniones sociales de más de ocho personas, donde desaparezco a la altura del cinturón de los demás; evito a los niños ruidosos y a los adultos de mal carácter.

Es natural que con la edad vengan las pérdidas. Se pierden personas, animales, lugares y la inacabable energía de antes. Hasta los setenta años podía hacer malabarismo con tres o cuatro tareas simultáneas, trabajar varios días con un mínimo de sueño y escribir diez horas de un tirón. Era más flexible y fuerte. Podía levantarme al amanecer lanzando las piernas al aire y aterrizando con cierta gracia en el suelo, lista para ducharme y empezar el día. ¿Remolonear en cama?, ¿domingos perezosos?, ¿siesta al mediodía? Nada de eso era para mí. Ahora me arrastro fuera de la cama con cuidado para no molestar a mi compañero y a las perras. Tengo una sola responsabilidad, escribir, y me cuesta una eternidad comenzar, no puedo hacerlo durante más de cuatro o cinco horas y eso lo logro con mucho café y fuerza de voluntad.

El deseo de preservar la juventud existe desde siempre. La primera mención conocida de la fuente de la eterna juventud es de Heródoto, en el siglo v a. C. Los codiciosos españoles y portugueses que conquistaron Latinoamérica en el siglo XVI buscaban El Dorado, la ciudad de oro puro, donde los niños jugaban a las canicas con esmeraldas y rubíes, y la Fuente de la Juventud, cuyas aguas milagrosas borraban los estragos de la vejez. No hallaron ninguna de las dos. Ya nadie cree en El Dorado, pero el espejismo de la eterna juventud persiste, sostenido por un arsenal de recursos para quienes pueden pagarlos, drogas, vitaminas, dietas, ejercicio, cirugía y hasta ampollas de placenta e inyecciones de plasma humano que serían la delicia de Drácula. Supongo que de algo sirve todo eso, la prueba es que vivimos treinta años más que nuestros abuelos, pero vivir más largo no significa vivir mejor. De hecho, la vejez larga tiene un enorme costo social y económico a nivel individual y del planeta.

David Sinclair, biólogo, profesor de genética de la Escuela de Medicina de Harvard y autor de varios libros, sostiene que envejecer es una enfermedad y debe ser tratada como tal. Sus experimentos a nivel molecular han conseguido detener y en algunos casos revertir el proceso de envejecimiento en ratones. Dice que ya existe la tecnología para que en un futuro próximo podamos evitar los síntomas y los males de la vejez alimentándonos con plantas y tomando una píldora en el desayuno. En teoría podríamos vivir hasta los ciento veinte años con buena salud y con la mente clara.

Por el momento, hasta que Sinclair pase de los ratones a los humanos, tal vez el secreto de la juventud prolongada está en la actitud, como decía mi madre y lo confirmó Sophia Loren, la diosa italiana del cine de los años cincuenta-setenta. Les mencioné Sophia a mis nietos (todos adultos) y no tenían idea de quién era, pero no me extraña, porque tampoco saben quién era Gandhi. La conocí en los Juegos Olímpicos de Invierno, en Italia, en 2006, cuando nos tocó llevar, junto a otras seis mujeres, la bandera olímpica en el estadio.

Sophia sobresalía en el grupo como un pavo real entre gallinas. No pude quitarle los ojos de encima, había sido el símbolo sexual de una época y a los setenta y tantos años seguía siendo espectacular. ¿Cuál es la fórmula de su invencible atractivo y su juventud? En una entrevista de televisión dijo que era la felicidad y que «todo lo que ven, se lo debo a los tallarines». En otra entrevista agregó que el truco era una buena postura. «Ando siempre derecha y no hago ruidos de vieja, nada de resollar, quejarme, toser o arrastrar los pies.» Actitud era su mantra. He procurado seguir el consejo de Sophia respecto a la postura, pero en cuanto a la tontería de los tallarines, lo intenté y subí cinco kilos.

Nada hay de malo en envejecer, excepto que la Madre Naturaleza descarta a los mayores. Una vez que terminan los años reproductivos y sacamos adelante a nuestras crías, somos desechables. Supongo que en ciertos lugares remotos, como alguna hipotética aldea de Borneo, la edad se venera y nadie quiere verse joven, es preferible verse mayor para ser respetado, pero no es el caso por estos lados. En la actualidad se rechaza el prejuicio contra la edad tal como hace una década se denunciaba el sexismo o el racismo, pero nadie hace caso. Existe una industria monumental de antienvejecimiento, como si envejecer fuera una falla de carácter.

Antes se alcanzaba la edad adulta a los veinte, la madurez a los cuarenta y la vejez empezaba a los cincuenta. Hoy la adolescencia se extiende hasta bien entrados los treinta o cuarenta, la madurez sucede alrededor de los sesenta y la vejez empieza recién a los ochenta. Se ha estirado la juventud para complacer a esos *baby-boomers*, la generación nacida después de la Segunda Guerra Mundial en Estados Unidos, que ha definido según su conveniencia muchos aspectos de la cultura del último medio siglo.

En fin, aunque nos aferremos a la ilusión de la juventud, la mayoría de la gente de mi edad avanza a tranco largo hacia la decrepitud y todos vamos a terminar muertos antes de que el prejuicio contra la edad sea abolido.

No alcanzaré a aprovechar esos avances de la ciencia, pero seguramente mis nietos llegarán a los cien años en plena forma. Me conformo con envejecer alegremente y para ese fin tengo algunas reglas: ya no hago concesiones fácilmente; adiós a los tacones altos, las dietas y la paciencia con los tontos; y he aprendido a decir que NO a lo que no me agrada sin sentirme culpable. Mi vida es mejor ahora, pero no me interesa el reposo del guerrero, prefiero mantener algo de ardor en la mente y la sangre.

Más que postura y tallarines, como recomienda Sophia Loren, mi secreto para una vida completa y una vejez feliz es emular a mi amiga Olga Murray. Imaginen a una jovencita de noventa y cuatro años, sin lentes, audífonos ni bastón, vestida de colores insolentes y calzada con zapatillas de tenis, que todavía maneja su coche, pero solo hacia delante y sin cambiar de carril. Esta dama diminuta, enérgica y apasionada tiene un propósito que guía su destino, llena sus días y la mantiene joven.

Su historia es fascinante, pero tendré que resumirla; por favor, búsquenla en línea para saber más de ella. Vale la pena. Olga enviudó a los sesenta y tantos años y decidió ir a hacer trekking a las montañas de Nepal. Allí se cayó, se rompió un tobillo y el sherpa que la acompañaba tuvo que cargarla a la espalda en un canasto hasta la aldea más cercana, que resultó ser muy pobre y aislada. Allí, mientras esperaba algún transporte que la llevara a la ciudad, Olga presenció un festival. Los aldeanos preparaban comida con lo poco que tenían y se vestían con sus mejores ropas, había música y danza. Pronto llegaron buses de la ciudad con agentes que acudían a comprar niñitas entre seis y ocho años. Sus padres las vendían porque no podían alimentarlas.

Los agentes pagaban un precio equivalente a dos cabras o un cochinillo y se llevaban a las niñas con la promesa de que iban a vivir con buenas familias, ir a la escuela y comer bien. En realidad, eran vendidas como *kamlaris*, una forma de servidumbre similar a la esclavitud. Estas *kamlaris* trabajarían sin descanso, dormirían en el suelo, comerían los restos de los platos de la familia, carecerían de educación, salud y libertad, serían maltratadas y no tendrían acceso a educación o salud. Esas serían las afortunadas. Las otras serían vendidas a burdeles.

Olga comprendió que aunque usara todo el dinero que llevaba consigo para comprar un par de niñas, no podía devolverlas a sus familias porque serían vendidas de nuevo, pero estaba decidida a ayudar a las *kamlaris*. Eso se convirtió en la misión de su vida. Sabía que tendría que cuidar a las niñas que lograra rescatar durante varios años, hasta que pudieran valerse por sí mismas. Regresó a California y creó una organización de caridad, Nepal Youth Foundation (<www.nepalyouthfoun dation.org>), para dar hogar, educación y servicios de salud a niños explotados. Olga ha salvado más o menos a quince mil niñas de la servidumbre doméstica y ha logrado cambiar la cultura en el país. Gracias a ella, el gobierno de Nepal ha declarado ilegal la práctica de *kamlari*.

Olga tiene otros programas igualmente espectaculares,

varios hogares de acogida para niños huérfanos o abandonados, escuelas y clínicas nutricionales instaladas en varios hospitales, donde se entrena a las madres para que alimenten a sus familias con los recursos disponibles, bien balanceados y preparados. He visto las fotografías de antes y después. Un niño famélico, huesitos y piel, que no puede ni caminar, un mes más tarde está jugando a la pelota.

La fundación de Olga construyó una aldea modelo en las afueras de Katmandú con escuela, talleres y casas para los niños de alto riesgo. El nombre le calza perfectamente: Olgapuri, el oasis de Olga. ¡Cómo me gustaría que ustedes pudieran ver aquello! Es el lugar más alegre del planeta. Esta mujer maravillosa es adorada por miles de niños en Nepal, y al decir miles no exagero. Cuando llega a Katmandú hay una multitud de chiquillos y jóvenes en el aeropuerto con globos y guirnaldas de flores para recibir a su Mama.

A su edad avanzada Olga es tan sana y enérgica que viaja un par de veces al año entre Nepal y California (dieciséis horas volando y otras tantas entre conexiones y esperas en aeropuertos) y trabaja sin cesar para financiar y supervisar sus proyectos. Sus ojos azules brillan de pasión cuando habla de sus niños. Está siempre sonriendo, siempre contenta, nunca la he escuchado quejarse o culpar a otros, derrocha bondad y gratitud. Olga Murray es mi heroína. Cuando yo sea grande, quiero ser como ella.

Me gustaría tener los senos inflados y las piernas largas de Sophia Loren, pero si me dan a elegir prefiero los dones de varias brujas buenas que conozco: propósito, compasión y buen humor.

Según el Dalai Lama, la única esperanza de paz y prosperidad está en manos de las mujeres de Occidente. Supongo que las distingue porque son quienes tienen más derechos y recursos, pero yo no excluiría al resto de las mujeres del mundo. La tarea nos corresponde a todas.

Por primera vez en la historia hay millones de mujeres educadas, con acceso a la salud, informadas, conectadas entre sí y dispuestas a cambiar la civilización en que vivimos. No estamos solas, muchos hombres nos acompañan, casi todos jóvenes: nuestros hijos y nietos. Los viejos no tienen remedio, simplemente hay que esperar que se vayan muriendo de a poco. Disculpen, eso sonó un poco cruel, no todos los viejos son insalvables, hay algunos iluminados y otros con el corazón bien puesto capaces de evolucionar. ¡Ah! Pero las viejas son otro cuento.

Esta es la era de las abuelas envalentonadas y somos el sector de más rápido crecimiento en la población. Somos las mujeres que hemos vivido mucho, nada tenemos que perder y por lo tanto no nos asustamos fácilmente; podemos hablar claro porque no deseamos competir, complacer ni ser populares; conocemos el valor inmenso de la amistad y la colaboración. Estamos angustiadas por la situación de la humanidad y del planeta. Ahora es cuestión de ponernos de acuerdo para darle un remezón formidable al mundo.

La jubilación es otro asunto que cada vez más nos concierne a las mujeres, porque la mayoría trabajamos fuera del hogar. Las otras, las amas de casa, no se jubilan ni descansan jamás. En español, al retiro del trabajo lo llamamos «jubilación», término que deriva de «júbilo», porque se parte de la base que es la época ideal en que uno hace lo que le da la gana. Ojalá fuera así. A menudo eso no sucede cuando el cuerpo y el presupuesto no dan para hacer lo que a uno le dé la gana. Además, está comprobado que rara vez el ocio hace la felicidad.

En los hombres la jubilación puede ser el comienzo del fin, porque se realizan y se valoran en el trabajo, invierten en eso todo lo que son y cuando se les acaba les queda muy poco y se hunden mental y emocionalmente. Entonces comienza la época del miedo a fallar, a perder recursos económicos, a quedarse solo, en fin, la lista de los temores es larga. Si no tienen una compañera o compañero que los cuide y un perro que les mueva la cola, están acabados. A las mujeres nos va mejor, porque además de trabajar hemos cultivado relaciones familiares y de amistad, somos más sociables que los hombres y tenemos intereses más variados. Sin embargo, también a nosotras la fragilidad propia de los años nos vuelve miedosas. Estoy generalizando, pero ya me entienden.

Según Gerald G. Jampolsky, famoso psiquiatra y autor de más de veinte best sellers sobre psicología y filosofía, la aptitud para ser feliz está influenciada en un 45 % por genes y en un 15 % por las circunstancias, lo cual significa que el 40 % restante lo determinamos cada uno de nosotros de acuerdo a nuestras creencias y actitud ante la vida. A los noventa y cinco años él sigue atendiendo a pacientes y escribiendo, va al gimnasio cinco días a la semana y cada mañana al despertar agradece el nuevo día y se compromete a vivirlo con felicidad sin que importe su estado físico. La edad no tiene que suponer una limitación para continuar siendo enérgico y creativo y para participar en el mundo.

Como ahora se vive más largo, tenemos un par de décadas por delante para redefinir nuestros propósitos y darle sentido a la existencia que nos queda, como hizo Olga Murray. Jampolsky aboga por el amor como el mejor remedio: dar amor a manos llenas. Hay que olvidar agravios y sacudirse la negatividad; se requiere más energía para el rencor y la ira que para perdonar. Y la clave de la felicidad es perdonar a los demás y perdonarse a sí misma. Los últimos años pueden ser los mejores, siempre que optemos por el amor en vez del miedo, dice. El amor no se da como una planta silvestre, se cultiva con mucho cuidado.

Pregunta del periodista al Dalái Lama: ¿Puede recordar sus vidas pasadas?

Respuesta: A mi edad me cuesta recordar lo que pasó ayer.

El tío Ramón, mi padrastro, fue un hombre activo y brillante hasta que dejó su puesto de director de la Academia Diplomática en Chile; entonces comenzó a declinar. Era muy sociable y tenía docenas de amigos, pero se le fueron poniendo seniles o muriendo. También se le murieron todos los hermanos y una hija. En su última época —alcanzó la venerable edad de ciento dos años— estuvo acompañado por Panchita, quien para entonces estaba bastante cansada del mal humor de su cónyuge y hubiera preferido ser viuda. Lo cuidaba un equipo de mujeres que lo mantenían como a una orquídea de invernadero.

«Mi error más grande fue jubilarme. Tenía ochenta años, pero eso no es más que un número, podría haber seguido trabajando diez años más», me confesó una vez. No quise recordarle que a los ochenta necesitaba ayuda para amarrarse los zapatos, pero estoy de acuerdo en que su lento declinar coincidió con su jubilación.

Esto ha reforzado mi decisión de seguir activa para siempre, de consumir hasta la última célula del cerebro y chispa del alma de modo que no quede nada cuando muera. No me voy a retirar, me voy a renovar. Y no pienso optar por la prudencia. Según Julia Child, la célebre chef, su secreto de longevidad era carne roja y ginebra. Mis excesos son de otra índole y, como Julia, no renunciaré a ellos. Mi madre decía que de lo único que uno se arrepiente en la vejez es de los pecados que no cometió y las cosas que no compró.

A menos que me derrote la demencia (que no se ha dado en mi familia longeva), no pienso convertirme en una anciana pasiva sin más compañía que un perro o dos. Esa es una visión aterradora, pero como dice Jampolsky, no hay que vivir con miedo. Me estoy preparando para el futuro. Con la edad los defectos y las virtudes se exacerban. No es cierto que con los años viene naturalmente la sabiduría, al contrario, casi siempre los viejos se ponen un poco locos. Si aspiramos a ser sabios hay que empezar a entrenarse desde joven. Mientras pueda, pienso arrastrarme escalera arriba al ático donde escribo para pasar mis días entretenida contando historias. Si lo logro, la vejez no me incumbe.

La sociedad determina el umbral de la vejez, legalmente a los sesenta y seis años, en Estados Unidos, cuando tenemos derecho a una pensión. A esa edad la mayoría se retira, las mujeres se dejan las canas (¡no lo hagan todavía!) y los hombres usan Viagra para perseguir fantasías (¡qué horror!). En realidad, el proceso de envejecer empieza al nacer y cada uno lo experimenta a su manera. La cultura tiene mucho que ver en esto. Una mujer de cincuenta puede ser invisible en Las Vegas, pero muy atractiva en París. Un hombre de setenta puede ser un anciano en algún villorrio remoto, pero en la bahía de San Francisco, donde vivo, circulan pandillas de abuelos en bicicleta, lo cual sería loable si no usaran shorts elásticos de colores fluorescentes.

Nos machacan con la necesidad de dieta y ejercicio para envejecer en forma. Así será, pero no hay que generalizar. Yo nunca fui atlética, de modo que no hay razón para que me mate haciendo ejercicio tarde en la vida. Me mantengo en forma paseando a las perras hasta la cafetería más cercana para tomar mi capuchino. Mis padres vivieron un siglo sanos y nunca los vi sudar en un gimnasio o restringirse en la comida. Tomaban un vaso o dos de vino en la mesa y un cóctel por la noche. Consumían crema, mantequilla, carne roja, huevos, café, postres y toda clase de carbohidratos prohibidos, pero con moderación; no engordaban y no habían oído hablar del colesterol.

Mis padres tuvieron amor y cuidado hasta el último instante de sus estupendas vidas, pero eso es muy raro. La última etapa de la vida suele ser trágica, porque la sociedad no está preparada para lidiar con la longevidad. Por muy acuciosos que sean nuestros planes, por lo general los recursos no alcanzan hasta el final. Los últimos seis años de la vida son los más caros, dolorosos y solitarios, son años de dependencia y, con terrible frecuencia, son años de pobreza. Antiguamente la familia —mejor dicho, las mujeres de la familia— cuidaban a los ancianos, pero en esta parte del mundo eso ya casi no existe. Las viviendas son estrechas, el dinero es escaso, el trabajo y el ritmo de vida son muy exigentes y para colmo los abuelitos viven demasiado.

Quienes hemos entrado en la década de los setenta tenemos terror de acabar nuestros días en una casa de reposo, en pañales, drogados y amarrados a una silla de ruedas. Yo quiero morir antes de necesitar ayuda para ducharme. Con mis amigas soñamos con crear una comunidad, partiendo de la base de que un día seremos viudas, porque los hombres duran menos. (Prefiero no ponerme en ese caso, porque acabo de casarme y me deprime pensar en la viudez.) Por ejemplo, podríamos comprar un terreno por allí, no muy lejos de un hospital, y construir cabañas individuales con servicios comunes, un sitio donde pudiéramos tener a nuestras mascotas, un jardín, diversiones. Lo conversamos a menudo, pero siempre postergamos la acción, no solo porque es una proposición costosa, sino también porque en el fondo creemos que siempre vamos a ser independientes. Pensamiento mágico.

A menos que logremos evitar los síntomas de la vejez y mantenernos sanos hasta los ciento veinte años, como propone el profesor David Sinclair, tenemos que ocuparnos del espinoso asunto de la longevidad. Es una locura seguir evitándolo. Como sociedad necesitamos encontrar la forma de hacernos cargo de los ancianos y de ayudarlos a morir si así lo desean. La muerte asistida debería ser una opción viable en todas partes, no solo en unos cuantos lugares progresistas de la Tierra. La muerte con dignidad es un derecho humano, pero la ley y el establecimiento médico a menudo nos obligan a vivir más allá de la dignidad. Como supuestamente dijo Abraham Lincoln, no son los años de vida los que cuentan, sino la vida en los años.

Con un amigo, quien a los ochenta y cinco años sigue siendo el seductor que siempre fue, nos pusimos de acuerdo para suicidarnos juntos cuando nos pareciera apropiado. Él iba a pilotear su avioneta, un mosquito de latón, hacia el horizonte hasta que se le acabara la gasolina y entonces nos precipitaríamos en el océano Pacífico. Un fin limpio que les ahorraría a las familias las molestias de dos funerales. Por desgracia, hace un par de años a mi amigo le expiró la licencia de piloto, no se la renovaron y tuvo que vender el mosquito. Ahora está pensando en comprar una motocicleta. Es lo que deseo para mí, una muerte rápida, porque no soy Olga Murray y nunca tendré mi propia aldea de gente amorosa cuidándome hasta el final.

Y a propósito, a medida que la natalidad disminuye y la población envejece en Estados Unidos y Europa, los inmigrantes debieran ser recibidos con los brazos abiertos. Siempre son jóvenes —los viejos no emigran— y con su trabajo ayudan a mantener a los jubilados. Además, tradicionalmente son mujeres inmigrantes quienes cuidan a los niños y a los ancianos. Ellas se convierten en las nanas pacientes y cariñosas de quienes más amamos.

Los ancianos no son una prioridad, son una molestia. El gobierno no les asigna suficientes recursos; el sistema de salud es injusto e inadecuado; la vivienda consiste en la mayoría de los casos en recluirlos lejos de la vista del público. El país debería mantener decentemente a quienes contribuyeron a la sociedad durante cuarenta o cincuenta años, pero no es el caso, a menos que se trate de algún país excepcionalmente civilizado, uno de esos donde todos quisiéramos vivir. La suerte terrible de la mayoría de los ancianos es terminar dependiente, pobre y rechazado.

Tal vez no se cumpla mi plan de mantenerme activa y morir con las botas puestas y llegue el momento en que deberé abdicar poco a poco de lo que ahora me parece importante. Espero que lo último sean la sensualidad y la escritura.

Si vivo demasiado perderé mi capacidad de atención. Cuando no pueda recordar y concentrarme no podré escribir, entonces todos a mi alrededor van a sufrir, porque el ideal de ellos es tenerme ausente y en lo posible aislada en un cuarto lejano. Si pierdo la cabeza no me daré cuenta, pero será muy desagradable si pierdo independencia estando lúcida, como le pasó a mi madre.

Todavía gozo de plena movilidad, pero un día será difícil manejar. Siempre fui un pésimo chófer y ahora soy peor. Me estrello contra árboles que de pronto aparecen donde antes no estaban. Evito manejar de noche porque no puedo leer los signos de las calles y termino irremisiblemente perdida. Manejar no es el único desafío. Rehúso a modernizar la computadora, reemplazar el celular y mi viejo automóvil o aprender el uso de los cinco controles remotos de la televisión; no puedo abrir botellas, las sillas se han puesto más pesadas, los ojales más pequeños y los zapatos más estrechos.

A las limitaciones mencionadas se suma la inevitable disminución de la libido, al menos comparada con aquella fuerza poderosa que en el pasado me solía sacudir. La sensualidad cambia con la edad.

Mi amiga Grace Dammann, una de las seis Hermanas del Perpetuo Desorden que conforman el círculo íntimo de mi práctica espiritual, lleva muchos años en una silla de ruedas a causa de un terrible choque de frente en el puente del Golden Gate. Era muy atlética, se estaba entrenando para subir al Everest cuando ocurrió el accidente que le pulverizó varios huesos y la dejó semiparalizada. Le tomó años aceptar su condición física, en su mente todavía estaba haciendo esquí acuático en Hawái y corriendo maratones.

Grace vive en una residencia para gente mayor, porque necesita asistencia, donde ella es la más joven. La ayuda que recibe es muy escasa, apenas cinco minutos por la mañana para vestirla, otros cinco por la noche para acostarla y dos duchas semanales. Para ella el placer más sensual es aquella ducha. Dice que cada gota de agua en su piel es una bendición, que goza con el jabón y la espuma del champú en su pelo. Pienso a menudo en Grace cuando me ducho para no dar por sentado este privilegio.

Mientras el cuerpo se me deteriora, mi alma se rejuvenece. Supongo que mis defectos y virtudes también son más visibles. Despilfarro y me distraigo más que antes, pero me enojo menos, porque se me ha suavizado un poco el carácter. Mi pasión por las causas que siempre he abrazado o por las pocas personas que amo ha aumentado. Ya no temo mi vulnerabilidad, porque no la confundo con debilidad; puedo vivir con los brazos, las puertas y el corazón abiertos. Esta es otra de las razones por las que celebro mis años y celebro ser mujer: no tengo que probar mi masculinidad, como dijo Gloria Steinem. Es decir, no necesito cultivar la imagen de esa fortaleza que me inculcó mi abuelo y que tanto me sirvió en mi vida anterior pero ya no es indispensable; ahora puedo darme el lujo de pedir ayuda y ser sentimental.

Desde que murió mi hija soy plenamente consciente de la proximidad de la Muerte, y ahora, a los setenta y tantos, la Muerte es mi amiga. No es cierto que sea un esqueleto armado de una guadaña y con olor a podredumbre; es una mujer madura, elegante y amable perfumada a gardenias. Antes andaba rondando en mi vecindad, después en la casa de al lado y ahora está esperando pacientemente en mi jardín. A veces al pasar frente a ella, nos saludamos y ella me recuerda que debo aprovechar cada día como si fuera de los últimos.

En resumen, estoy en un momento estupendo de mi largo destino. Esto es una buena noticia para las mujeres en general: la existencia se nos pone más fácil una vez que pasamos la menopausia y terminamos de criar hijos, siempre que podamos reducir al mínimo las expectativas, renunciemos al resentimiento y nos relajemos en la certeza de que a nadie, salvo a los más cercanos, le importa un bledo lo que hacemos ni quiénes somos. Basta de pretender, fingir, lamentarse y flagelarse por tonterías. Hay que quererse mucho a sí misma y querer a otros, sin medir cuánto nos quieren de vuelta. Esta es la etapa de la amabilidad.

Las mujeres extraordinarias que he conocido a lo largo de mi vida alimentan la visión que tuve a los quince años de un mundo en el cual los valores femeninos tengan el mismo peso que los masculinos, como le predicaba a mi abuelo, quien me escuchaba con los labios apretados y los nudillos blancos. «No sé en qué mundo vive usted, Isabel. Me habla de unas cosas que no tienen nada que ver con nosotros», me contestaba. Lo mismo me decía años más tarde cuando el golpe militar puso fin a la democracia de la noche a la mañana y el país fue sometido a una larga dictadura.

Como periodista, me enteraba de lo que ocurría en las sombras, los campos de concentración y centros de tortura, los miles de desaparecidos, los asesinados que pulverizaban con dinamita en el desierto y los que lanzaban desde helicópteros al mar.

Mi abuelo no quería saber, sostenía que eran solo rumores, que nada de eso nos incumbía, y me ordenaba que no me metiera en política, que me quedara callada en mi casa, que pensara en mi marido y mis hijos. «¿Se acuerda del cuento del loro que pretendía detener el tren a aletazos? El tren lo hizo pedazos, ni las plumas quedaron de muestra. ¿Eso es lo que quiere?», me emplazaba.

Esa pregunta retórica me ha perseguido durante varias décadas. ¿Qué es lo que quiero? ¿Qué queremos las mujeres? Permítanme recordarles el antiguo cuento del Califa.

En la mítica ciudad de Bagdad trajeron ante el Califa a un ladrón reincidente para ser juzgado. El castigo habitual habría sido cortarle las manos, pero ese día el Califa amaneció de buen talante y le ofreció una salida al bandido. «Dime qué quieren las mujeres y saldrás libre», le dijo. El hombre lo pensó un rato y después de invocar a Allah y su Profeta le dio una respuesta astuta: «Oh, sublime Califa, las mujeres quieren que las escuchen. Pregúnteles qué quieren y se lo dirán».

Pensé que para preparar estas reflexiones necesitaba investigar un poco, pero en vez de andar por allí interrogando a mujeres a diestra y siniestra, podía ahorrarme trabajo consultando internet. Expuse la adivinanza del Califa: ¿qué quieren las mujeres? y me salieron manuales de autoayuda con títulos como: *Averigua lo que quieren las mujeres y acuéstate con ellas.* También aparecieron consejos de hombres a otros hombres sobre cómo conseguir mujeres. He aquí un ejemplo: «Las mujeres quieren tipos duros, muéstrate agresivo y seguro, no les des poder, mándalas, exígeles, tus necesidades tienen prioridad, eso es lo que a ellas les gusta».

Dudo de que eso sea verdad, al menos entre las mujeres que conozco, que son muchas si me pongo a contar a mis fieles lectoras y aquellas con quienes me relaciono a través de mi fundación. Creo tener una respuesta más adecuada a la pregunta del Califa. Esto es más o menos lo que las mujeres queremos: seguridad, ser valoradas, vivir en paz, disponer de recursos propios, estar conectadas, y sobre todo amor. En las páginas siguientes trataré de aclarar lo que esto significa.

El indicador más determinante del grado de violencia de una nación es la que se ejerce contra la mujer, que normaliza otras formas de violencia. En México, donde la inseguridad en las calles y la impunidad de los carteles y pandillas del crimen organizado es notoria, se estima que asesinan un promedio de diez mujeres al día; es un cálculo conservador. Son víctimas en su mayoría de novios, maridos y hombres que ellas conocían. Desde los años noventa en Ciudad Juárez, Chihuahua, han asesinado a cientos de mujeres jóvenes, después de violarlas y a menudo torturarlas brutalmente, ante la indiferencia de las autoridades. Esto provocó una protesta masiva de mujeres en marzo de 2020. Declararon un día de paro general, huelga de brazos caídos, en que no fueron a trabajar, no hicieron tareas domésticas y salieron a desfilar en las calles. Veremos si esto tuvo algún impacto en las autoridades.

La República Democrática del Congo, con su historia de inestabilidad y conflicto armado, tiene el vergonzoso título de «capital mundial de la violación». La violación y otras agresiones sistemáticas contra la mujer son instrumentos de opresión empleados por grupos armados, pero en uno de cada tres casos, son perpetradas por civiles. Lo mismo ocurre en otros lugares de África, Latinoamérica, Oriente Próximo y Asia. Mientras más hipermasculinidad y polarización de género, más violencia sufren las mujeres, como ocurre entre grupos terroristas.

Queremos seguridad para nosotras y nuestros hijos. Estamos programadas para defender a nuestra prole y lo hacemos con garra y voluntad. Así es también entre la mayoría de los animales, aunque no estoy tan segura respecto a los reptiles, como culebras y cocodrilos. Con pocas excepciones, es la hembra quien cuida a las crías y a veces debe protegerlas con su vida para que no las devore algún macho con hambre.

Ante una amenaza, la reacción masculina es huir o luchar: adrenalina y testosterona. Bajo amenaza, la reacción femenina es formar un círculo y poner a las crías en el centro: oxitocina y estrógeno. Oxitocina, la hormona que nos impulsa a unirnos, es tan sorprendente que algunos psiquiatras la usan en terapia de pareja. Ambos la inhalan mediante un espray nasal con la esperanza de llegar a un acuerdo, en vez de asesinarse mutuamente. Willie y yo lo intentamos, pero no nos resultó, tal vez no inhalamos suficiente. Al final nos divorciamos, pero el residuo de esa bendita hormona nos permitió seguir siendo buenos amigos hasta su muerte reciente. La prueba de esa amistad es que me dejó en herencia a Perla, su perrita, el producto desafortunado de varias razas, con cara de murciélago y cuerpo de ratón gordo, pero con gran personalidad.

La violencia contra las mujeres es universal y tan antigua como la civilización misma. Cuando se habla de derechos humanos, en la práctica se habla de derechos de los hombres. Si un hombre es golpeado y privado de libertad, es tortura. Si lo mismo soporta una mujer se llama violencia doméstica y todavía en la mayor parte del mundo se considera un asunto privado. Hay países donde matar a una niña o una mujer por una cuestión de honor ni siquiera se denuncia. La Organización de las Naciones Unidas calcula que cinco mil mujeres y niñas son asesinadas anualmente para salvar el honor de un hombre o una familia en Oriente Próximo y Asia del Sur.

Según las estadísticas, en Estados Unidos una mujer es violada cada seis minutos; esos son los casos reportados, en realidad, el número es por lo menos cinco veces superior. Y cada noventa segundos una mujer es golpeada. El acoso y la intimidación se dan en el hogar, la calle, el sitio de trabajo y en redes sociales, donde el anonimato fomenta las peores manifestaciones de misoginia. Estamos hablando de Estados

Unidos, imaginen cómo es en otros países donde los derechos de las mujeres están en pañales. Esta violencia es inherente a la cultura patriarcal, no es una anomalía. Es hora de que la llamemos por sus nombres y la denunciemos.

Ser mujer significa vivir con miedo. Toda mujer lleva impreso en su ADN el temor al macho. Lo piensa dos veces antes de algo tan normal como pasar delante de un grupo de hombres ociosos. En lugares supuestamente seguros, como sería por ejemplo el campus de una universidad o una institución militar, hay programas para enseñarles a las mujeres a evitar situaciones de riesgo, partiendo de la base de que si es atacada, la culpa es suya. Estaba en el lugar equivocado a la hora equivocada. No se espera que los varones cambien su conducta, más bien se permite y hasta se celebra la agresión sexual como derecho del hombre y característica de la masculinidad. Afortunadamente, esto está cambiando de forma rápida, al menos en los países del primer mundo, gracias a #MeToo y otras iniciativas feministas.

Una expresión extrema de lo anterior son las mujeres que viven enterradas en burkas que las cubren de la cabeza a los pies para no provocar deseo en los hombres, que aparentemente sienten impulsos bestiales a la vista de unos centímetros de piel femenina o de un calcetín blanco. Es decir, la mujer es castigada por la debilidad o el vicio del hombre. Tanto es el temor al hombre que muchas mujeres defienden el uso de la burka porque se sienten invisibles y por lo tanto más seguras.

Decía el escritor Eduardo Galeano que «al fin y al cabo, el miedo de la mujer a la violencia del hombre es el espejo del miedo del hombre a la mujer sin miedo». Suena bien, pero el concepto me parece confuso. ¿Cómo no tener miedo si el mundo se confabula para asustarnos? Mujeres sin miedo hay muy pocas, excepto cuando nos agrupamos, entonces nos sentimos invencibles.

¿Cuál es la raíz de esa mezcla explosiva de deseo y odio hacia las mujeres? ¿Por qué esa agresión y acoso no se considera un problema de derecho civil o derecho humano? ¿Por qué son silenciados? ¿Por qué no hay una guerra contra la violencia hacia la mujer, tal como declaran la guerra contra las drogas, el terrorismo o el crimen? La respuesta es obvia: la violencia y el miedo son instrumentos de control.

Entre 2005 y 2009, en la ultraconservadora y remota colonia menonita de Manitoba, en Bolivia, un grupo de ciento cincuenta mujeres y niñas, incluso una niñita de tres años, eran violadas regularmente después de ser drogadas con un espray para anestesiar toros antes de castrarlos. Despertaban manchadas de sangre y machucadas y la explicación que recibían era que las había castigado el Diablo, eran poseídas por demonios. Las mujeres eran analfabetas, hablaban una lengua alemana arcaica que les impedía comunicarse con el mundo exterior, no sabían dónde estaban, no podían leer un mapa para escapar, no tenían a quién recurrir. Este no es un caso único, lo mismo ha ocurrido y sigue ocurriendo en otras comunidades fundamentalistas aisladas religiosas o de otro tipo, como Boko Haram, la organización terrorista de Nigeria, donde las mujeres son tratadas como animales. A veces la causa no es ideológica, sino simplemente aislamiento e ignorancia, como en Tysfjord, al norte de Noruega, en el círculo ártico.

Los hombres temen el poder femenino, por eso las leyes, las religiones y las costumbres han impuesto durante siglos toda suerte de restricciones al desarrollo intelectual, artístico y económico de las mujeres. En el pasado, docenas de miles de mujeres acusadas de brujería fueron torturadas y quemadas vivas por saber demasiado, por tener el poder del conocimiento. Las mujeres no tenían acceso a bibliotecas ni universidades, de hecho el ideal era —y todavía lo es en algunas partes— que fueran analfabetas, para mantenerlas sumisas y evitar que cuestionaran y se rebelaran. Lo mismo hacían con los esclavos; la pena por aprender a leer eran azotes y a veces la muerte. En la actualidad, la mayoría de las mujeres tiene el mismo acceso a la educación que los hombres, pero cuando destacan mucho o aspiran al liderazgo se enfrentan a la agresión, como le pasó a Hillary Clinton en la elección presidencial de 2016 en Estados Unidos.

Los asesinos responsables de masacres en Estados Unidos, que son casi sin excepción hombres blancos, tienen en común la misoginia, comprobada por su historial de violencia doméstica, amenazas y asalto a mujeres. Muchos de estos psicópatas están marcados por una relación traumática con la madre; no pueden soportar el rechazo, la indiferencia o la burla de las mujeres, es decir, no soportan el poder que ellas tienen. «Los hombres temen que las mujeres se rían de ellos. Las mujeres temen que los hombres las maten», dijo la escritora Margaret Atwood.

El movimiento de liberación femenina ha puesto a prueba la autoestima de dos o tres generaciones de hombres, porque se han visto desafiados y a menudo superados por la competencia femenina en aquellos campos que les pertenecían exclusivamente. No es por casualidad, por ejemplo, que haya un alto índice de violación en las Fuerzas Armadas, donde antes las mujeres solo tenían acceso a puestos administrativos, lejos de la acción. La reacción masculina al poder femenino es a menudo violenta.

Por supuesto, no digo que todos los hombres sean abusadores o violadores en potencia, pero el porcentaje es tan alto que debemos considerar la violencia contra la mujer como lo que verdaderamente es: la mayor crisis que confronta la humanidad. Los agresores no son excepciones, no son psicópatas, son padres, hermanos, novios, maridos, hombres normales.

Basta de eufemismos. Basta de soluciones parciales. Se requieren cambios profundos en la sociedad y nos toca a nosotras, las mujeres, imponerlos. Acuérdense de que nadie nos regala nada, tenemos que conseguirlo. Debemos crear consciencia a nivel global y organizarnos. Ahora más que nunca eso es posible, porque contamos con información, comunicación y capacidad de movilizarnos.

El maltrato que sufre la mujer se explica por la desvalorización que sufre. Feminismo es la noción radical de que las mujeres son personas, como dijo Virginia Woolf. Durante siglos se discutió si acaso la mujer tenía alma. En muchas partes todavía se venden, compran y cambian como mercadería. La mayoría de los hombres las considera inferiores, aunque nunca lo admitiría, por lo mismo les choca y ofende que una mujer sepa o logre tanto como ellos.

He contado esta historia antes en una memoria, pero voy a resumirla aquí, porque es relevante. Hace muchos años, en 1995, hice un viaje a la India con mi amiga Tabra y Willie, mi marido de entonces, quienes planearon el viaje para sacarme de mi ambiente y ayudarme a sacudir la parálisis provocada por la muerte de mi hija. Había escrito una memoria —*Paula*— que me permitió entender y finalmente aceptar lo que había sucedido, pero después de que fue publicada me encontré sumida en un tremendo vacío. Mi vida carecía de sentido.

De la India guardo la visión de sus contrastes y su increíble belleza y el recuerdo de algo que influyó en el resto de mi existencia.

Habíamos alquilado un coche con un chófer e íbamos por un camino rural de Rajastán, cuando se calentó el motor y tuvimos que detenernos. Mientras esperábamos que se enfriara, Tabra y yo caminamos hacia un grupo de seis o siete mujeres rodeadas de niños, que estaban a la sombra del único árbol en ese terreno desértico. ¿Qué hacían allí? ¿De dónde provenían? No habíamos pasado por ninguna aldea o un pozo que explicara su presencia. Las mujeres, jóvenes y de apariencia muy pobre, se nos acercaron con esa curiosidad inocente que todavía existe en algunos lugares, atraídas por el pelo color remolacha de Tabra. Les regalamos las pulseras de plata que habíamos comprado en un mercado, y jugamos con los niños un rato, hasta que el chófer nos llamó a bocinazos.

Al despedirnos, una de las mujeres vino hacia mí y me entregó un pequeño paquete de trapos. No pesaba nada. Creí que deseaba darme algo a cambio de las pulseras, pero al separar los trapos para ver el contenido comprendí que se trataba de un bebé recién nacido. Lo bendije y traté de devolverlo a la madre, pero ella retrocedió y no quiso tomarlo. Fue tal la sorpresa que no atiné a moverme, pero el chófer, un hombre alto, barbudo, con turbante, llegó corriendo, me lo quitó de las manos y se lo entregó bruscamente a otra de las mujeres. Me cogió de un brazo, me llevo casi a la rastra al vehículo y partimos deprisa. Vine a reaccionar varios minutos más tarde. «¿Qué pasó? ¿Por qué esa mujer quiso darme a su bebé?», pregunté, confundida. «Era una niña. ¡Nadie quiere a una niña!», respondió el chófer.

No pude salvar a esa niñita, que se me aparece en sueños desde hace años. Sueño que tuvo una vida miserable, sueño que se murió muy joven, sueño que es mi hija o mi nieta. Pensando en ella decidí crear una fundación destinada a ayudar a mujeres y a niñas como ella, niñas que nadie quiere, que son vendidas en matrimonio prematuro, sometidas a trabajo forzado y prostitución, niñas golpeadas y violadas que dan a luz en la pubertad, niñas que serán madres de otras niñas como ellas en un ciclo eterno de humillación y dolor; niñas que mueren demasiado jóvenes y otras que ni siquiera tienen derecho a nacer.

Ahora que se puede determinar el sexo del feto, millones de niñas son abortadas. En China, donde la política de tener un solo hijo para controlar la población, implementada hasta 2016, ha causado escasez de novias, muchos hombres las importan de otros países, a veces a la fuerza. Se calcula que veintiún mil muchachas fueron víctimas de tráfico humano en menos de cinco años, desde Myanmar (antiguamente Birmania) hasta la provincia de Henan, que tiene la más alta disparidad entre los géneros: nacen ciento cuarenta niños por cada cien niñas. Drogadas, golpeadas, violadas, esas jóvenes se convierten en esposas cautivas y madres contra su voluntad. Se podría deducir que en vista de esta demanda ahora las niñas son tan valoradas como los varones, pero todavía no es el caso. En muchas partes es una desgracia tener una hija, mientras que los hijos son una bendición. A las comadronas les pagan menos si la criatura es una niña.

Según la Organización Mundial de la Salud, doscientos millones de mujeres han sido víctimas de mutilación genital y tres millones de niñas corren el riesgo de sufrirla ahora mismo en partes de África, Asia y entre inmigrantes en Europa y Estados Unidos. Si tienen estómago, vean en internet en qué consiste esta práctica en que a las niñas les cortan el clítoris y los labios de la vulva con hojilla de afeitar, cuchillos o trozos de vidrio, sin anestesia ni medidas mínimas de higiene. La mutilación de las niñas es realizada por mujeres que sin cuestionarla repiten una costumbre cuyo fin es impedir el placer sexual y el orgasmo. Los gobiernos no intervienen, escudados en que es una costumbre religiosa o cultural. Una muchacha que no ha sido cortada vale menos en el mercado matrimonial.

Abuso, explotación, tortura y crimen contra mujeres y niñas ocurren en escala masiva en el mundo entero, casi siempre con impunidad. Las cifras son tan altas que nos aturden y perdemos de vista la magnitud del horror. Solo al conocer a una niña o una mujer que ha pasado por alguna de esas espantosas experiencias, al saber su nombre, ver su cara y escuchar su historia, podemos solidarizar.

Suponemos que nada tan terrible podría ocurrirle a una de nuestras hijas, pero son infinitas las instancias en que ellas también serán menospreciadas o acosadas al salir al mundo y valerse solas. Las niñas generalmente son más listas y aplicadas que los varones en la escuela y educación superior, pero tienen menos oportunidades; en el campo laboral los hombres ganan más y obtienen los puestos más altos; en el arte y la ciencia las mujeres debemos hacer el doble de esfuerzo para obtener la mitad de reconocimiento, y para qué vamos a seguir.

En décadas pasadas a las mujeres se les impedía desarrollar su talento o su creatividad, porque se consideraba antinatura, se suponía que estaban biológicamente predestinadas solo a la maternidad. Y en caso de que alguna lograra cierto éxito, debía ampararse tras el marido o el padre, que se llevaba el crédito, como sucedió con compositoras de música, pintoras, escritoras y científicas. Eso ha cambiado, pero no en todas partes y no tanto como quisiéramos.

En Silicon Valley, paraíso de la tecnología que ha modificado para siempre la esencia misma de las comunicaciones y las relaciones humanas, donde el promedio de edad es menos de treinta años, es decir, estamos hablando de la generación joven y supuestamente más progresista y visionaria del mundo, se discrimina a las mujeres con el mismo machismo que ya era inaceptable hace medio siglo. En ese medio, como en tantos otros, la proporción de mujeres empleadas es mínima, son postergadas en los puestos y ascensos, menospreciadas, interrumpidas o ignoradas cuando opinan y a menudo acosadas.

Mi madre pintaba bien al óleo, con exquisito sentido del color, pero como nadie la tomaba en serio, ella tampoco lo hacía. Se había criado con la idea de que por ser mujer estaba limitada; los verdaderos artistas y creadores eran hombres. La entiendo, porque a pesar de mi feminismo, yo también dudaba de mi capacidad y talento; empecé a escribir ficción cuando tenía cerca de cuarenta años con la sensación de estar invadiendo un terreno prohibido. Los escritores famosos, especialmente los del *boom* de literatura latinoamericana, eran hombres. Panchita temía «soltar la mano», como me explicó una vez; prefería copiar, porque en eso no había riesgo, nadie iba a burlarse ni acusarla de pretenciosa. Lo hacía a la perfección. Podría haberse dedicado con más empeño, haber estudiado, pero nadie la alentó; sus «cuadritos» se consideraban otro de sus caprichos.

Siempre celebré mucho los cuadros de mi madre, los traía por docenas a California y hoy cubren las paredes de mi oficina y mi casa, incluso el garaje. Panchita pintaba para mí. Sé que lamentaba no haberse atrevido a darle prioridad a la pintura, como finalmente yo pude hacerlo con la escritura.

Hablemos de la paz. La guerra es la máxima manifestación del machismo. La mayoría de las víctimas en cualquier guerra no son combatientes, sino mujeres y niños. La violencia es la principal causa de muerte de las mujeres entre los catorce y los cuarenta y cuatro años, más que la suma de cáncer, malaria y accidentes. Mujeres y niñas constituyen el 70 % de las víctimas de tráfico humano. Se puede decir que hay una guerra no declarada contra las mujeres. No es de extrañar que deseemos paz antes que nada para nosotras y nuestros hijos.

La primera vez que vi *Monólogos de la vagina*, de Eve Ensler, que ya es parte de la cultura universal, fui con mi madre. Ambas quedamos conmovidas hasta la médula. Como dijo Panchita a la salida del teatro, nunca había pensado en su vagina y mucho menos se la había mirado en un espejo.

Eve Ensler escribió los *Monólogos* en 1996, cuando la palabra «vagina» era una grosería que las mujeres apenas se atrevían a mencionar delante del ginecólogo. La obra se ha traducido a muchos idiomas, se ha representado en off-

Broadway, en escuelas y colegios, en calles, plazas y secretamente en sótanos de países donde las mujeres carecen de derechos fundamentales. Ha juntado millones de dólares que se han empleado en programas para proteger a las mujeres, educarlas y fomentar en ellas el poder de liderazgo.

Eve, quien sufrió agresión sexual de su propio padre, fundó V-Day, una iniciativa para terminar con la violencia contra mujeres y niñas a nivel global. En el Congo, V-Day creó City of Joy (Ciudad de Alegría), un refugio para las víctimas de la guerra, mujeres y niñas que han sufrido rapto, violación, abuso, incesto, explotación, tortura o mutilación genital, que están en peligro de ser asesinadas por celos o venganza, para deshacerse de ellas o simplemente porque son el daño lateral de los conflictos armados. Allí empiezan a sanar, vuelven a sacar la voz, a cantar, a bailar, a contar sus historias, a confiar en ellas mismas y en otras mujeres, a recuperar el alma.

Todas regresan al mundo transformadas.

Eve lleva décadas presenciando atrocidades inimaginables, pero no le flaquea el ánimo: está segura de que podemos acabar con este tipo de violencia en una generación.

La violación se ha convertido en un arma de guerra. Las mujeres son las primeras víctimas de los ejércitos de invasión y ocupación, de grupos paramilitares, guerrillas y movimientos militantes de cualquier tipo, incluso religiosos, y por supuesto de grupos terroristas y pandillas, como las temibles maras de Centroamérica. Más de medio millón de mujeres han sido violadas en los últimos años solo en el Congo, desde niñitas de pocos meses hasta bisabuelas de ochenta años, mutiladas, desfiguradas, con fístulas que a menudo son inoperables debido a la severidad de las heridas.

La violación destruye los cuerpos y las vidas de esas mujeres y niñas y el tejido mismo de la comunidad. Es tan profundo el daño que ahora también violan a los hombres. De esa forma las milicias y los ejércitos quiebran la voluntad y el alma de la población civil. Las víctimas sufren horribles traumas físicos y psicológicos y quedan manchadas para siempre; a veces son expulsadas de sus familias y aldeas o ejecutadas a pedradas. Este es otro caso en que la culpa recae en la víctima.

Kavita Ramdas, expresidenta del Global Fund for Women, la mayor organización sin fines de lucro dedicada a promover los derechos de las mujeres, y actual directora del Programa de Derechos de la Mujer en la Open Society Foundations, propone desmilitarizar el mundo, un objetivo que solo puede ser alcanzado por las mujeres, porque a ellas no las seduce el atractivo machista de las armas y son quienes sufren el efecto directo de una cultura que exalta la violencia.

Nada hay tan temible como la violencia con impunidad, tal como se da siempre en tiempos de guerra. Uno de nuestros sueños más ambiciosos es acabar con las guerras, pero hay demasiados intereses creados en torno a la industria de la guerra; vamos a necesitar un número crítico de personas dispuestas a convertir este sueño en realidad para inclinar la balanza hacia la paz.

Imaginen un mundo sin ejércitos, un mundo en que los recursos bélicos se emplearan en el bienestar común, en que los conflictos se resolvieran en torno a una mesa de negociación y la misión de los soldados fuera mantener el orden y promover la paz. Cuando eso suceda habremos superado nuestra condición de *Homo sapiens* y daremos un salto evolutivo hacia el *Contentus homo superior*.

No hay feminismo sin independencia económica. Eso lo vi claramente en mi infancia con la situación de mi madre. Las mujeres necesitamos disponer de ingresos propios y manejarlos, para eso se requiere educación, capacitación y un ambiente laboral y familiar adecuado. No siempre es el caso.

Un guía samburu en Kenia me contó que su padre le estaba buscando una esposa que fuera buena madre de sus hijos, cuidara el ganado y realizara las labores domésticas que le correspondían. En el futuro seguramente ella misma le pediría que buscara otras esposas para que la ayudaran con el trabajo. Me explicó que si ella tuviera otras opciones, el equilibrio de la familia y la comunidad se rompería. Entiendo las razones de ese guía para preservar la tradición, muy conveniente para él, pero me habría gustado conversar con esa novia hipotética y las esposas de su aldea, que tal vez no estaban tan contentas con su suerte y si tuvieran la educación que se les niega, aspirarían a una vida diferente.

En 2015 se estimaba que dos tercios de los adultos analfabetos del mundo son mujeres; la mayoría de los niños sin escolaridad son de género femenino. Las mujeres reciben menos paga que los hombres por el mismo trabajo; los empleos que tradicionalmente tienen las mujeres, como maestras, cuidadoras, etc., son mal pagados y las labores del hogar no se valoran ni se pagan. Esto resulta aún más irritante en estos tiempos en que ellas trabajan fuera del hogar, porque el sueldo de muy pocos hombres alcanza para mantener a una familia, y vuelven cansadas a ocuparse de los hijos, la comida y las labores domésticas. Debemos cambiar las costumbres y las leyes.

Vivimos en un mundo muy desequilibrado. En algunos lugares la mujer goza, al menos en teoría, de autodeterminación y en otros está sometida al hombre, a sus exigencias, deseos y caprichos. En algunas regiones no puede salir de su casa sin la compañía de un pariente masculino cercano, carece de voz, de poder de decisión sobre su destino o el de sus hijos, de educación, de cuidado de la salud adecuado y de ingresos; no participa de ninguna forma en la vida pública; ni siquiera decide cuándo o con quién se casará.

A mediados de 2019 vimos en la prensa la buena noticia de que por fin las mujeres de Arabia Saudita, que tienen menos derechos que un muchacho de diez años, pueden manejar un automóvil y viajar sin la compañía de un hombre de su familia. Esto se consiguió después de que varias mujeres de la realeza escaparon entre gallos y medianoche y pidieron asilo en el extranjero porque no soportaban la represión en el suyo. Sin embargo, ahora que manejar y viajar es legal, las mujeres tienen que enfrentar la ira de los hombres de su familia, que no están de acuerdo con el cambio. ¡En pleno siglo XXI!

Si digo que yo era feminista a los cinco años (y a mucha honra), no es porque lo recuerde, ya que eso sucedía a nivel emocional, antes del uso de la razón, sino porque así me lo ha contado mi madre. Ya entonces Panchita vivía atemorizada por la hija extraña que le tocó en suerte. Cuando yo era niña en casa de mi abuelo, los hombres de la familia tenían dinero, automóvil, libertad para ir y venir a la hora que se les antojara y autoridad para tomar todas las decisiones, hasta las más ínfimas, como el menú de la cena. Nada de eso tenía mi madre, que vivía de la caridad de su padre y su hermano mayor y además gozaba de poca libertad, porque debía cuidar su reputación. ¿Cuánto percibía yo de aquello? Lo suficiente para sufrirlo.

La dependencia me causaba en la infancia el mismo horror que me causa todavía, por eso me propuse trabajar para mantenerme apenas terminara la educación secundaria y en lo posible mantener a mi madre. Mi abuelo decía que quien paga imparte las órdenes. Ese es el primer axioma que incorporé a mi naciente feminismo.

Voy a mencionar brevemente mi fundación, porque viene al caso con todo lo dicho con anterioridad. (Pueden ver la labor que hacemos en <www.isabelallende.org>.) En 1994 se publicó mi memoria *Paula*. La respuesta de los lectores fue extraordinaria; el correo traía a diario docenas de cartas en varios idiomas de gente que había sido tocada por la historia de mi hija. Se identificaban con mi duelo porque todo el mundo tiene pérdidas y dolores. Se juntó una montaña de correspondencia en cajones; algunas cartas eran tan hermosas que un par de años más tarde varios editores europeos publicaron una selección.

Los ingresos aportados por el libro, que le pertenecían a mi hija y no a mí, los deposité en una cuenta separada mientras pensaba qué habría hecho Paula con ellos. Lo decidí después de ese memorable viaje a la India y entonces nació mi fundación, cuya misión es invertir en el poder de mujeres y niñas de alto riesgo, porque esa fue también la misión de Paula durante su corta vida. Fue una decisión acertada; gracias a esa fundación, que se mantiene con una parte sustancial del producto de mis libros, mi hija sigue ayudando en el mundo. Pueden imaginar lo que eso significa para mí.

No necesito inventar a las protagonistas de mis libros, mujeres fuertes y decididas, porque estoy rodeada de ellas. Algunas han escapado de la muerte y han sufrido traumas tremendos, lo han perdido todo, incluso a sus hijos, sin embargo salen adelante. No solo sobreviven, sino que además crecen y algunas se convierten en líderes de sus comunidades; están orgullosas de las cicatrices del cuerpo y las heridas del alma, porque dan testimonio de su propia resiliencia. Esas mujeres rehúsan ser tratadas como víctimas, tienen dignidad y coraje, se levantan, avanzan y lo hacen sin perder la capacidad de vivir con amor, compasión y alegría. Con un poco de empatía y solidaridad se recuperan y florecen.

A veces me desaliento. Me pregunto si el aporte de la fundación es solo una gota de agua en un desierto de necesidad. ¡Hay tanto que hacer y son tan limitados los recursos! Esta es una duda perniciosa, porque invita a lavarse las manos del sufrimiento ajeno. En esos momentos Lori, mi nuera, que maneja la fundación, me dice que el impacto de nuestro esfuerzo no se mide en una escala universal, hay que medirlo caso a caso. No podemos encogernos de hombros frente a los problemas que parecen insuperables, debemos actuar. Lori me recuerda a las personas abnegadas y valientes que trabajan en condiciones muy difíciles sin otro fin que aliviar la necesidad y el dolor ajenos. Con su ejemplo, nos obligan a exorcizar al demonio de la indiferencia.

En la fundación canalizamos la acción hacia la salud —que incluye derechos reproductivos—, educación, independencia económica y protección contra la violencia y la explotación. Desde 2016 nos concentramos también en refugiados, especialmente en la frontera de Estados Unidos y México, donde hay una crisis humanitaria entre miles y miles de personas que han escapado de la violencia en Centroamérica y piden asilo. Quienes más sufren y corren los peores riesgos son mujeres y niños. Las medidas restrictivas del gobierno estadounidense prácticamente han anulado el derecho de asilo.

El argumento contra los migrantes es que llegan para aprovecharse de los servicios sociales, para quitarles trabajo a los nacionales y para cambiar la cultura, un eufemismo para señalar que no son blancos, pero está comprobado que cuando se les permite integrarse, contribuyen al país mucho más de lo que reciben.

Hay diferencia entre inmigrantes y refugiados. Los primeros toman la decisión de ir a otra parte para mejorar sus condiciones de vida. Normalmente son jóvenes y sanos —los viejos se quedan atrás—, y tratan de adaptarse lo antes posible, miran hacia el futuro y desean echar raíces. Los refugiados huyen para salvar sus vidas de conflictos armados, persecución, criminalidad y extrema pobreza. Son gente desesperada que se ha visto obligada a dejar todo lo que le es familiar y buscar asilo en otra parte, donde probablemente será recibida con hostilidad. La mitad de los setenta millones de refugiados que había en 2018 eran mujeres y niños; la cifra aumenta año a año.

Un refugiado se alimenta de recuerdos y de nostalgia, con los ojos en el pasado, soñando con regresar a su hogar, pero el promedio que pasará lejos es entre diecisiete y veinticinco años. Muchos nunca pueden volver; serán siempre extranjeros. Esta crisis global, que pronto será agravada por nuevas oleadas de refugiados que dejan su tierra a causa del cambio climático, no se enfrenta levantando muros sino ayudando a resolver las causas por las cuales la gente escapa de los lugares de origen.

Tienes que comprender que nadie pone a sus hijos en un bote,
a menos que el agua sea más segura que la tierra.
Nadie se quema las manos bajo los trenes, debajo de carruajes,
nadie pasa días y noches en el vientre de un camión,
comiendo papel, a menos que
las millas recorridas sean algo más que un viaje.
Nadie se arrastra bajo cercas, nadie quiere ser golpeada,
                                    [compadecida.
Nadie escoge un campo de refugiados
o ser cacheada y terminar con el cuerpo dolorido
o en prisión, porque la prisión es más segura que una ciudad en
                                    [llamas,
y un guardia de la prisión en la noche es mejor
que un camión lleno de hombres que se parecen a tu padre.

WARSAN SHIRE, «Hogar»

Una de las formas más eficaces de tener un impacto positivo en el mundo es invirtiendo en las mujeres. En las regiones más necesitadas, las madres utilizan sus ingresos en la familia, mientras que los hombres solo le destinan un tercio de los suyos. En pocas palabras, ellas se ocupan del alimento, salud y escolaridad de sus hijos, mientras ellos gastan en sí mismos, ya sea en divertirse o en adquirir algo que les dé cierto prestigio, como un celular o una bicicleta.

He aprendido que con un poco de ayuda, se puede hacer mucho. Si la mujer tiene poder de decisión e ingresos propios, la situación de su familia mejora; si prosperan las familias, progresa la comunidad y por extensión, el país. Así se rompe el ciclo de la miseria. Las sociedades más atrasadas son aquellas en que las mujeres están sometidas. Sin embargo, esta verdad evidente es a menudo ignorada por los gobiernos y las organizaciones sin fines de lucro. Por suerte esto está cambiando en la medida en que más mujeres tienen poder de decisión política o recursos para la filantropía, que en general destinan a proyectos femeninos.

Las mujeres necesitan estar interconectadas. Según Adrienne Rich, poeta americana feminista, «las conexiones entre mujeres son las más temidas, las más problemáticas y la fuerza potencialmente más transformadora del planeta». Esta interesante observación explicaría la incomodidad que sienten muchos hombres cuando las mujeres se reúnen. Creen que estamos confabulando y a veces tienen razón.

Las mujeres necesitan estar conectadas entre sí. Desde el comienzo de los tiempos se han juntado en torno al pozo, la cocina, la cuna, en campos, fábricas y hogares. Quieren compartir sus vidas y oír las historias de las demás. No hay nada tan entretenido como la charla entre mujeres, que casi siempre es íntima y personal. También el chismorreo es divertido, para qué negarlo. Nuestra pesadilla es ser excluidas y aisladas, porque solas somos vulnerables, mientras que juntas florecemos. Sin embargo, millones de mujeres viven confinadas, sin libertad ni medios para moverse fuera del radio limitado de sus hogares.

Hace unos años visité con Lori una pequeña comunidad

de mujeres en Kenia. Nos habían dado unas indicaciones bastante vagas, pero Lori, que es mucho más aventurera que yo, me ordenó que me pusiera un sombrero y nos fuéramos andando por un sendero que culebreaba entre la vegetación. Pronto el sendero desapareció y seguimos a ciegas un buen rato, yo con la sensación de habernos perdido para siempre, pero la consigna de Lori es que todos los caminos conducen a Roma. Cuando estaba a punto de echarme a llorar en la espesura, oímos voces. Era un canto ondulante de voces femeninas, como olas a la orilla del mar. Esa fue la brújula que nos guio a Kibison.

Llegamos a un claro del bosque, un gran patio con un par de viviendas básicas y algo así como un galpón para cocinar, comer, dar clases, coser y hacer artesanía. Íbamos a visitar a Esther Odiambo, una mujer profesional que se jubiló después de años de trabajo en Nairobi y decidió regresar a su aldea en la cercanía del lago Victoria. Allí se encontró con una verdadera tragedia. Los hombres iban y venían en una existencia nómade buscando trabajo, no había estabilidad económica, proliferaba la prostitución y el sida había diezmado a la población y acabado con la generación intermedia de padres y madres, solo quedaban abuelos y niños. Las mujeres morían tanto como los hombres.

Cuando Esther llegó había muy poca información sobre la enfermedad y la forma de contagio, que se atribuía a causas mágicas, y tampoco había tratamiento disponible. Ella se propuso enfrentar a la superstición, educar a la gente y ayudar especialmente a las mujeres con los escasos recursos a su alcance. Puso su propiedad a disposición de esa causa.

Al llegar allí, Lori y yo vimos niños jugando y otros haciendo tareas escolares con tiza en pequeñas pizarras o trazando número y letras en la tierra con un palito, y grupos de mujeres, unas cocinando, otras lavando, otras trabajando en las artesanías que vendían en el mercado para ayudar a mantener a la comunidad.

Nos presentamos en inglés y Esther Odiambo nos sirvió de intérprete. Al ver que éramos forasteras y enterarse de que veníamos de lejos, las mujeres se arremolinaron en torno a nosotras, nos ofrecieron un té rojo y amargo, y se sentaron en un círculo para contarnos sus vidas, que consistían principalmente en trabajo, pérdidas, dolor y amor.

Eran viudas, esposas abandonadas, adolescentes encintas, abuelas a cargo de nietos o bisnietos huérfanos. Ese era el caso de una mujer que parecía muy mayor, aunque ella misma no sabía su edad, que estaba amamantando a un niño de pocos meses. Ante nuestro evidente estupor, Esther nos explicó que a veces sucede que una abuela vuelva a tener leche ante la necesidad de alimentar al nieto. «Esta señora debe de tener como ochenta años», añadió. Tal vez exageraba… He contado esta anécdota muchas veces y nadie por estos lados me la cree, pero me tocó ver algo similar en un pueblito del lago Atitlán, en Guatemala.

Las historias de las mujeres de Kibison eran trágicas, algunas habían perdido a casi todos los miembros de su familia por el sida, pero no se veían tristes. En ese círculo, cualquier excusa servía para reírse, hacer bromas, burlarse unas de otras y todas de Lori y de mí. Esther Odiambo lo resumió en una frase: «Cuando las mujeres están juntas, se ponen alegres», dijo. Al atardecer nos despidieron cantando. Esas señoras se lo pasaban cantando. Es posible que esta comunidad de Kibison ya no exista, porque esta aventura con Lori sucedió hace varios años, pero la lección ha sido inolvidable.

No me cuesta nada imaginar grupos de mujeres como las de Kibison, de todas las razas, credos y edades sentadas en círculo compartiendo sus historias, sus luchas y esperanzas, llorando, riéndose y trabajando juntas. ¡Qué poderosa fuerza crearían esos círculos! Millones de ellos conectados podrían acabar con el patriarcado. No estaría mal. Hay que darle una oportunidad a este inmenso recurso natural y renovable que es la energía femenina.

En los años sesenta, cuando la píldora y otros anticonceptivos se pusieron al alcance del público, la liberación femenina se expandió. Por fin las mujeres podían tener una vida sexual plena sin el terror a un embarazo no deseado. ¡Imagínense la oposición de la religión y del machismo en Chile! Supuse entonces que el fin del patriarcado era inevitable, pero todavía estamos lejos de que eso ocurra. Hemos obtenido mucho, pero nos falta mucho más por hacer. Con cualquier pretexto nuestros derechos, cuando los tenemos, son aplastados: guerra, fundamentalismo, dictadura, crisis económica o cualquier catástrofe. En Estados Unidos en este segundo milenio se discute no solo el derecho al aborto, sino también a los anticonceptivos femeninos. Claro que nadie discute el derecho del hombre a una vasectomía o condones.

Mi fundación ayuda a financiar clínicas y programas dedicados al control de la fertilidad, incluido el aborto. Esto me toca muy de cerca, porque a los dieciocho años tuve que ayudar a una chica de quince, estudiante de la secundaria, que había quedado embarazada. Vamos a llamarla Celina, ya que no puedo dar su nombre verdadero. Recurrió a mí porque no se atrevió a confesárselo a sus padres; en su desesperación llegó a pensar en suicidarse, así era de grave lo que le ocurría. En Chile el aborto era penado con severidad por la ley, pero se practicaba extensamente (y se practica todavía) de forma clandestina. Las condiciones eran y siguen siendo muy peligrosas.

No recuerdo cómo conseguí el nombre de alguien que podía solucionar el problema de Celina. Tomamos dos autobuses para llegar a un barrio modesto y anduvimos más de media hora buscando la dirección, que yo llevaba anotada en un papel. Por fin dimos con un apartamento en un tercer piso de un edificio de ladrillos, igual a una docena de otros en la misma calle, con ropa colgada en los balcones y tarros desbordados de basura.

Nos recibió una mujer de aspecto cansado, que nos estaba esperando, porque yo la había avisado por teléfono, dándole el nombre de mi contacto. A gritos mandó a los dos niños, que estaban jugando en la sala, a encerrarse en su pieza. Era evidente que los chiquillos estaban acostumbrados a esa rutina, porque se fueron sin chistar. Una radio tronaba con noticias y avisos comerciales en un rincón de la cocina.

La mujer le preguntó a Celina la fecha de la última menstruación, hizo sus cálculos y pareció conforme. Nos dijo que era rápida y segura, y que por un poco más del precio estipulado, usaba anestesia. Puso un mantel de hule y una almohada sobre la única mesa del lugar, probablemente la mesa del comedor, le ordenó a Celina quitarse las bragas y subir encima. La examinó brevemente y procedió a instalarle una sonda en la vena del brazo. «Fui enfermera, tengo experiencia», dijo a modo de explicación. Y agregó que mi papel era inyectarle la anestesia a mi amiga de a poco, apenas lo suficiente para atontarla. «Cuidado, que no se le pase la mano», me advirtió.

En pocos segundos Celina estaba semiinconsciente y en menos de quince minutos había varios trapos ensangrentados en el balde a los pies de la mesa. No quise imaginar lo que habría sido esa intervención sin anestesia, como se practica casi siempre en estas circunstancias. Me temblaban tanto las manos que no sé cómo me las arreglé con la jeringa. Al terminar, pedí permiso para ir al baño y vomité.

Minutos después, cuando Celina despertó, la mujer nos despidió sin darle tiempo de reponerse y le entregó unas píldoras envueltas en un trozo de papel. «Antibióticos, tómese uno cada doce horas durante tres días. Si le da fiebre o empieza a sangrar mucho, tendrá que ir a un hospital, pero eso no le va a pasar; tengo buena mano», dijo. Nos advirtió que si dábamos su nombre o dirección las consecuencias serían muy graves para nosotras.

Nunca he podido olvidar esta experiencia ocurrida hace sesenta años. La he descrito en varios de mis libros y la revivo en mis pesadillas. Por Celina y por millones de mujeres que pasan por algo similar soy inflexible en la defensa de los derechos reproductivos. Si el aborto es legal y se lleva à cabo en condiciones apropiadas no es una experiencia particularmente traumática, como lo demuestran muchos estudios. Más trauma sufren las mujeres que no pueden obtenerlo y están obligadas a llevar a término una preñez no deseada.

Respeto a las personas que rechazan el aborto por razones religiosas o de otra índole, pero no es aceptable que se imponga ese criterio a quienes no comparten ese punto de vista. Es una opción que debe estar al alcance de quienes la necesiten.

Los anticonceptivos deberían ser gratuitos y estar disponibles para toda joven desde que empieza a menstruar. Si así fuera, habría menos embarazos sorpresivos, pero la realidad es que son caros, a menudo requieren receta médica, no están cubiertos por el seguro de salud y pueden tener efectos secundarios muy desagradables. Además, no siempre garantizan resultados.

El peso de la planificación familiar le toca a la mujer —muchos hombres rehúsan usar condones y eyaculan sin medir las consecuencias—, y ellas resultan culpables si quedan encintas «por haberse descuidado». Tenemos un dicho: «Se dejó preñar», es decir, lo permitió y tiene que pagar por eso. Quienes se oponen al aborto no responsabilizan al hombre, sin cuya participación la fecundación no es posible. Tampoco se preguntan seriamente por qué una mujer opta por terminar el embarazo, qué razones prácticas o emocionales tiene, qué significaría un hijo en ese momento de su vida.

He tenido suerte, porque nunca pasé por algo como lo que vivió Celine y pude planificar mi familia —solo dos hijos— primero con la píldora y después con un dispositivo intrauterino. Sin embargo, cuando tenía treinta y ocho años no toleraba ninguno de los métodos habituales y terminé ligándome las trompas. Fue una decisión que me pareció inevitable, pero que después resentí durante mucho tiempo, en parte porque la operación se complicó con una grave infección y en parte porque me sentí mutilada. ¿Por qué tuve que pasar por eso? ¿Por qué mi marido no recurrió a una vasectomía, que es un procedimiento mucho más sencillo? Porque el feminismo no me alcanzó para exigírsela.

Mis dos nietas decidieron que no van a tener hijos, porque dan mucho trabajo y el planeta está sobrepoblado. Por un lado me entristece un poco que se pierdan esa experiencia, que para mí ha sido maravillosa, y por otro, celebro que estas jóvenes tengan esa opción. Me temo, sin embargo, que se nos va a extinguir la familia, a menos que se avive mi único nieto y consiga una pareja complaciente.

Durante siglos las mujeres podían manejar su fertilidad con conocimiento de ciclos menstruales, hierbas y métodos abortivos, pero ese conocimientos fue extirpado de raíz. Como consecuencia de la desvalorización de la mujer, los hombres se arrogaron el dominio del cuerpo femenino.

¿Quiénes deciden sobre el cuerpo de una mujer y el número de hijos que puede o quiere tener? Hombres en la política, la religión y la ley, que no experimentan en carne propia el embarazo, el parto ni la maternidad. A menos que las leyes, la religión y las costumbres pongan la misma responsabilidad del embarazo en el padre que en la madre, los hombres no deberían opinar sobre este asunto, no les incumbe para nada. Esa es una decisión personal de cada mujer. Tener control sobre la propia fertilidad es un derecho humano fundamental.

En la Alemania nazi el aborto se penaba con prisión y embarazos obligatorios para la mujer y muerte para quien lo practicara. Había que darle hijos al Reich. Las madres de ocho hijos recibían una medalla de oro. En varios países latinoamericanos las leyes al respecto son tan draconianas que si una mujer tiene un aborto espontáneo puede ser acusada de haberlo provocado y terminar en prisión varios años. En Chile, en 2013, Belén, una niña de once años violada por su padrastro, quedó embarazada y no se le permitió abortar, a pesar de la presión de organizaciones civiles y el escándalo internacional.

Es necesario despenalizar el aborto, es decir, que no se castigue. Eso es diferente a legalizarlo, porque las leyes las impone el patriarcado y al legalizarlo el poder queda en manos de jueces, policías, políticos y otras estructuras masculinas. Como un paréntesis, puedo agregar que por la misma razón las trabajadoras sexuales no desean la legalización de la prostitución, sino la despenalización.

Como anécdota al respecto cabe destacar que Steve King, un congresista de Estados Unidos, propuso abolir el derecho al aborto incluso en casos de violación o incesto, porque «¿qué pasaría si revisáramos todos los árboles genealógicos y sacáramos a cualquiera que fuera producto de violación o incesto? ¿Quedaría algo de la población del mundo si lo hiciéramos? Teniendo en cuenta todas las guerras y todas las violaciones y los pillajes que han sucedido en diferentes naciones, no puedo asegurar que yo mismo no sea producto de eso». En pocas palabras, una defensa de la violación y el incesto como algo natural y normal. Ochenta y cuatro congresistas del Partido Republicano firmaron la propuesta.

Otro congresista americano, Todd Akin, dijo que el embarazo por violación se da rara vez porque el cuerpo femenino tiene maneras de cerrarse para prevenirlo. Según Akin, el útero mágicamente sabe la diferencia entre «legítima violación» (?) y otra forma de sexo. Este genio era miembro del Comité de Ciencia, Espacio y Tecnología.

En Estados Unidos hay treinta y dos mil casos denunciados de embarazo por violación al año.

Las mujeres quieren tener control sobre sus vidas, tanto como sobre su fertilidad, pero eso no es posible si sufren violencia doméstica y su suerte está en manos de un abusador. Hace mucho tiempo, a finales de los años sesenta y comienzo de los setenta, cuando trabajaba como periodista en Chile, me tocó hacer varios reportajes en poblaciones muy pobres, familias en viviendas de cartón y tablones, hombres sin trabajo, alcoholizados, mujeres cargadas de hijos, víctimas de miseria, abuso y explotación. Una escena común era que el hombre llegara borracho o simplemente frustrado y le diera una paliza a la mujer o a los hijos. La policía no intervenía, en parte por indiferencia, ya que a menudo esos uniformados hacían lo mismo en sus casas, y en parte porque supuestamente no podían entrar en la vivienda sin una orden de allanamiento. Ante esa realidad, las vecinas se ponían de acuerdo y cuando oían los gritos de una mujer o de los niños, acudían provistas de sartenes y cucharones para darle su merecido al agresor. El sistema era eficaz y expedito.

Admito con vergüenza que Chile era entonces y sigue siéndolo uno de los países con más alto índice de violencia doméstica en el mundo, aunque es posible que esto se deba a que allí se denuncian los casos más que en otras partes y se llevan las estadísticas. Se da en todos los ámbitos sociales, aunque en las clases más altas se oculta. A veces no hay maltrato físico, pero la tortura psicológica y el abuso emocional pueden ser igualmente dañinos.

Una de cada tres mujeres sufre algún tipo de abuso físico o sexual en su vida sin importar su aspecto o su edad. Les recordaré la canción compuesta por cuatro jóvenes chilenas, en 2019, que ha dado la vuelta al mundo convertida en himno feminista, traducida a muchos idiomas y ejecutada en calles y plazas por miles y miles de mujeres con los ojos vendados. El Cuerpo de Carabineros (Policía) de Chile, que se ha caracterizado por sus métodos agresivos, ha demandado ante los tribunales a LASTESIS por «amenazas a la institución, atentado contra la autoridad e incitación al odio y la violencia». Esto ha provocado una reacción internacional de apoyo a las autoras.

La canción resume en pocas líneas lo que toda mujer experimenta o teme:

El patriarcado es un juez que nos juzga por nacer
y nuestro castigo es la violencia que no ves.
Es femicidio.
Impunidad para mi asesino.
Es la desaparición.
Es la violación.
Y la culpa no era mía,
ni dónde estaba ni como vestía.
El violador eras tú.

LASTESIS, *Un violador en tu camino*

La violencia contra la mujer ha existido durante milenios, tanto así que automáticamente evitamos ponernos en situación de riesgo. Eso nos limita mucho. Lo que la mayoría de los hombres hace sin pensarlo, como andar por la calle de noche, entrar en un bar o pedir un aventón en la carretera, a nosotras nos enciende una alarma en la mente. ¿Vale la pena arriesgarse?

Tan predominante es la violencia doméstica en Chile, que la primera presidenta que tuvimos, Michelle Bachelet (2006-2010 y 2014-2018), tuvo como prioridad fundamental en su gobierno combatirla con educación, entrenamiento, información, refugios y leyes de protección. También suministró acceso gratuito y fácil a los anticonceptivos. No pudo pasar en el Congreso una ley para despenalizar el aborto.

La vida de esta heroína es de novela. Estudió medicina, porque era una manera concreta de ayudar a la gente que sufría, como dijo en una entrevista, y se especializó en pediatría. Durante los primeros días del golpe militar de 1973, su padre, el general Alberto Bachelet, fue detenido por sus compañeros de armas, porque se negó a participar en el levantamiento contra el gobierno democrático y murió en marzo de 1974 de un paro cardíaco en la tortura.

Michelle y su madre fueron arrestadas por la policía política y torturadas en la notoria Villa Grimaldi, que hoy es un museo de las atrocidades de aquellos años. Pudo ser rescatada, salió exiliada a Australia y de allí a Alemania del Este. Unos años más tarde pudo regresar a Chile, donde completó sus estudios de medicina. Trabajó en diferentes cargos hasta el retorno de la democracia en 1990, cuando comenzó su carrera política.

Como ministra de Salud, Michelle autorizó la distribución de la «píldora del día después», a mujeres y niñas mayores de catorce años, para evitar el embarazo inmediatamente después del acto sexual. En Chile, donde la Iglesia católica y los partidos de derecha tienen mucho poder y donde el aborto es ilegal, esa medida generó una tremenda oposición, pero también le ganó a la ministra respeto y popularidad.

En 2017 el Congreso chileno aprobó el aborto con tres causales: peligro inmediato de muerte de la madre, patología del embrión incompatible con la vida fuera del útero y violación. Puede practicarse dentro de las primeras doce semanas, o catorce semanas si la niña tiene catorce años o menos. Las restricciones impuestas incluso en estos casos son tantas que la ley es casi una burla destinada a aplacar a la mayoría de las mujeres, que la exigen. En las manifestaciones multitudinarias que esto generó, muchas mujeres desfilaban con el pecho descubierto para enfatizar que eran dueñas de sus cuerpos.

En 2002 Michelle fue nombrada ministra de Defensa, primera mujer en obtener ese puesto en América Latina y una de las pocas en el mundo. A ella le tocó la hercúlea tarea de intentar la reconciliación entre los militares y las víctimas de la dictadura y obtener la promesa de que nunca más las Fuerzas Armadas se sublevarían contra la democracia.

Me cuesta imaginar cómo esta mujer ha podido sobreponerse al trauma del pasado y entenderse con la institución que no solo instauró un régimen de terror durante diecisiete años en su país, sino que también asesinó a su padre, la torturó a ella y su madre y la envió al exilio. Uno de sus torturadores vivía en su mismo edificio y solían encontrarse en el ascensor. Cuando le preguntaban a Michelle Bachelet sobre la necesidad de reconciliación nacional, ella respondía que esa es una decisión personal; nadie puede exigirles perdón a quienes han sufrido la represión. El país debe avanzar hacia el futuro con la pesada carga del pasado.

Yo pisaré las calles nuevamente
de lo que fue Santiago ensangrentada,
y en una hermosa plaza liberada
me detendré a llorar por los ausentes.

PABLO MILANÉS,
Yo pisaré las calles nuevamente

Al Califa de Bagdad le hubiera gustado saber que las mujeres queremos amor antes que nada. Tenemos algo raro en el cerebro, una especie de tumor, que nos impulsa al amor. No podemos vivir sin amor. Por amor aguantamos a nuestros críos y a los hombres. Nuestra abnegación llega a ser una forma de servidumbre. ¿Se han fijado que el individualismo y el egoísmo se consideran rasgos positivos en los hombres y defectos en las mujeres? Tendemos a postergarnos por los hijos, los compañeros, los padres y por casi todos los demás. Nos sometemos y sacrificamos por amor, eso nos parece el colmo de la nobleza. Mientras más sufrimos por amor, más nobles somos, como se ve claramente en las telenovelas. La cultura exalta el amor como lo más sublime y nosotras caemos de forma voluntaria en esa trampa deliciosa por culpa del tumor que tenemos en el cerebro. No me excluyo, mi tumor es de los más malignos.

Evitaré referirme al amor maternal, porque es intocable y cualquier broma que me atreva a hacer al respecto me va a costar muy cara. En una ocasión le dije a mi hijo Nicolás que en vez de echar niños al mundo se consiguiera un perro y no me lo ha perdonado nunca. Se casó a los veintidós años y tuvo tres niños en cinco años. Tiene un instinto maternal sobredesarrollado. Mis nietos no están nada mal, pero también me gustan los perros.

No me atrevo a criticar el amor obsesivo de las madres, porque seguramente es la única razón por la cual han sobrevivido las especies, desde los murciélagos hasta los tecnócratas. Tampoco voy a referirme al amor a la naturaleza, a Dios, a diosas u otros conceptos similares, porque esto no es ni remotamente una disertación elevada, es solo una charla informal.

Hablemos, en cambio, del amor romántico, esa ilusión colectiva que se ha convertido en otro producto de consumo. La industria del romance compite con el narcotráfico en crear adicción. Supongo que el romance tiene un rostro diferente para cada mujer, no todas están obsesionadas con algún actor de cine, como yo, habrá quien se enamora de un batracio, como la princesa del cuento. En mi caso el aspecto físico de mi víctima no importa, siempre que huela bien, tenga dientes propios y no fume, pero tengo requerimientos de otro tipo que rara vez se dan juntos en la vida real: ternura, sentido del humor, buen corazón, paciencia para soportarme y otras cualidades que no recuerdo en este momento, Por fortuna mi actual enamorado las posee en abundancia.

Es hora de que les hable de Roger, como les había prometido.

Las lecciones inolvidables de la escuela del rigor de mi abuelo fueron muy útiles, me forjaron el carácter y me han ayudado a salir adelante en momentos de gran adversidad, pero han influido negativamente en mis relaciones de pareja, porque no me entrego; soy autosuficiente y defiendo mi independencia, no me cuesta nada dar, pero me cuesta mucho recibir. No acepto favores a menos que pueda retribuirlos, detesto que me hagan regalos y no permito que celebren mi cumpleaños. Uno de mis mayores desafíos era aceptar mi vulnerabilidad, pero ahora es más fácil hacerlo gracias a un nuevo amor, que ojalá sea el último.

Un día de mayo de 2016, un abogado viudo de Nueva York llamado Roger me escuchó por la radio cuando iba manejando de Manhattan a Boston. Había leído un par de mis libros y algo que dije en ese programa debe de haberle llamado la atención, porque escribió a mi oficina. Le respondí y él siguió escribiéndome por la mañana y por la noche todos los días durante cinco meses. Normalmente contesto solo el primer mensaje de un lector o lectora, porque no me alcanzaría la vida para mantener correspondencia regular con los cientos de personas que me escriben, pero la tenacidad del viudo de Nueva York me impresionó y así nos mantuvimos en contacto.

Mi asistente de entonces, Chandra, adicta a los seriales de detectives y con un olfato de sabueso, se propuso averiguar lo más posible sobre el misterioso viudo, que bien podría ser un psicópata, nunca se sabe. Es increíble la cantidad de información que está al alcance de cualquiera que desee escarbar en nuestra vida privada. Con decirles que Chandra me dio un informe completo, que incluía hasta la patente del coche y el nombre de los cinco nietos de ese hombre. Su esposa había muerto unos años antes, vivía solo en un caserón de Scarsdale, tomaba el tren a diario para ir a Manhattan, su oficina estaba en Park Avenue, etc. «Parece legítimo, pero no hay que confiar en nadie, podría ser un secuaz del arquitecto de Brenda», me advirtió Chandra.

En octubre viajé a Nueva York a una conferencia y por fin Roger y yo nos conocimos. Pude comprobar que era tal como se había presentado en sus correos electrónicos y Chandra había averiguado: un tipo transparente. Me cayó muy bien, pero no fue un relámpago de pasión incontenible, como me pasó con Willie a los cuarenta y cinco años. Esto confirma lo que dije antes: las hormonas son determinantes. Me invitó a cenar y a la media hora le pregunté a bocajarro cuáles eran sus intenciones, porque a mi edad no tenía tiempo para perder. Se atragantó con los ravioli, pero no salió escapando, como habría hecho yo si él me hubiera emboscado de esa forma.

Alcanzamos a estar juntos tres días antes de que yo tuviera que regresar a California y ese tiempo le bastó a Roger para decidir que en vista de que me había encontrado, no me iba a soltar. Me propuso matrimonio al conducirme al aeropuerto. Le contesté lo que se espera de una respetable dama madura: «De casarse, nada, pero si estás dispuesto a viajar con frecuencia a California, podemos ser amantes, ¿qué te parece?». Pobre hombre… ¿qué me podía contestar? Que sí, claro.

Así lo hicimos durante varios meses, hasta que el esfuerzo de encontrarse un fin de semana después de seis horas de avión se hizo demasiado pesado. Entonces Roger vendió su caserón atiborrado de muebles, objetos y recuerdos, regaló todo lo que contenía y se mudó a California con dos bicicletas y algo de ropa, que reemplacé rápidamente porque estaba pasada de moda. «Me quedé sin nada. Si esto no resulta, voy a tener que dormir debajo de un puente», me advirtió, preocupado.

Durante un año y siete meses nos pusimos a prueba viviendo en mi casa de muñecas con dos perras. Ambos hicimos concesiones, yo con su desorden y él con mi espíritu mandón, mi excesiva puntualidad y mi obsesión con la escritura, que no deja mucho tiempo para otras cosas. Aprendimos la danza delicada de las parejas bien avenidas, que permite moverse en la pista sin pisarse los pies. Al cabo de ese plazo, una vez seguros de que podíamos soportarnos mutuamente, nos casamos porque él es un tipo más bien tradicional y la idea de vivir en pecado le preocupaba.

Fue una boda muy íntima, solo en compañía de nuestros hijos y nietos. Todos están encantados con nuestra unión, porque significa que no tendrán que cuidarnos por ahora; nos cuidaremos el uno al otro mientras podamos.

Mi madre estaría contenta también. Días antes de morir me pidió que me casara con Roger para que no estuviera vieja y sola, dijo. Le expliqué que no me sentía vieja ni sola. «Si tengo un amante perfecto esperándome en California, ¿para qué quiero un marido imperfecto?», argumenté. «Los amantes no duran, pero un marido es presa cautiva», fue su respuesta.

Me abochorna un poco admitirlo, pero dependo de este enamorado para muchas tareas que antes no me costaban nada, como echarle gasolina al automóvil y cambiar ampolletas. Roger nació en el Bronx, hijo de polacos, con pesadas manos de campesino y buen carácter; me ayuda con los inconvenientes de este mundo sin hacerme sentir como una tonta. Estoy contenta de haberle hecho caso a mi madre y haberme casado con él. Es una estupenda presa cautiva, espero que no cambie.

Mi hijo le preguntó a Roger qué sintió cuando me conoció y él le contestó sonrojándose: «Me sentí como un adolescente. Y ahora me siento como un chiquillo que despierta cada mañana sabiendo que irá al circo». Todo es relativo. Para mí esta es la época más apacible de mi vida, no hay melodrama. A Roger, en cambio, le parece que la excitación cotidiana conmigo nunca disminuye y no hay ni un momento para aburrirse un poco.

Tal vez el tedio le hace falta.

¿Y qué sentí yo cuando conocí a Roger? Curiosidad y un

cierto aleteo en la boca del estómago que antes me impulsaba a cometer imprudencias y ahora me advierte que vaya lento y con cuidado, pero no le hago caso. Mi teoría y práctica es que hay que decir SÍ a la vida y ya veré por el camino cómo me las arreglo.

En pocas palabras: si yo conseguí novio, hay esperanza para cualquier anciana que desee un compañero.

Volver a los diecisiete
después de vivir un siglo
es como descifrar signos
sin ser sabio competente,
volver a ser de repente
tan frágil como un segundo,
volver a sentir profundo
como un niño frente a Dios,
eso es lo que siento yo
en este instante fecundo.

VIOLETA PARRA, *Volver a los diecisiete*

Los jóvenes suelen preguntarme cómo es amar a mi edad. Parecen atónitos de que yo todavía pueda hablar de corrido, más aún enamorarme. Bueno, es lo mismo que enamorarse a los diecisiete, como asegura Violeta Parra, pero con una sensación de urgencia. Roger y yo tenemos pocos años por delante. Los años pasan sigilosamente, de puntillas, burlándose, y de repente nos asustan en el espejo, nos golpean por la espalda. Cada minuto es precioso y no podemos perderlo en malentendidos, impaciencia, celos, mezquindades y tantas otras tonterías que ensucian las relaciones. En realidad, esta fórmula se puede aplicar en cualquier edad, porque siempre los días están contados. Si lo hubiera hecho antes, no tendría dos divorcios en mi haber.

egún Rebecca Solnit en su libro *Men Explain Things to Me* (Los hombres me explican cosas): «Feminismo es el empeño de cambiar algo muy antiguo, generalizado y de raíces profundas en muchas culturas del mundo, tal vez en la mayoría, en innumerables instituciones, en casi todos los hogares de la Tierra y en nuestras mentes, donde todo comienza y termina. Es asombroso que tanto haya cambiado en solo cuatro o cinco décadas. El que todo no haya cambiado en forma permanente, definitiva e irrevocable no significa fracaso».

Desmantelar el sistema en que se fundamenta la civilización es muy difícil y toma tiempo, pero poco a poco lo estamos logrando. La compleja y fascinante tarea de inventar un nuevo orden para reemplazarlo es larga. Avanzamos dos pasos hacia delante y uno hacia atrás, tropezando, cayendo, volviendo a levantarnos, cometiendo errores y celebrando victorias efímeras. Hay momentos de terrible desencanto y otros de gran ímpetu, como ha sucedido con el movimiento #MeToo y las marchas multitudinarias de mujeres en muchas ciudades del mundo. Nada puede detenernos si compartimos una visión del futuro y estamos decididas a hacerla realidad todas juntas.

El patriarcado no ha existido siempre, no es inherente a la condición humana, es impuesto por la cultura. Llevamos un registro de nuestra existencia en el planeta desde la invención de la escritura, hace alrededor de cinco mil años en Mesopotamia, es decir, nada comparado con más o menos doscientos mil años de la presencia del *Homo sapiens*. La historia la escriben los hombres y según su conveniencia exaltan y omiten los hechos; la mitad femenina de la humanidad es ignorada en la historia oficial.

Antes del movimiento de liberación femenina ¿quién desafiaba los postulados del machismo? Se cuestionaban el racismo, la colonización, la explotación, la propiedad, la distribución de los recursos y otras manifestaciones del patriarcado, pero las mujeres no estaban incluidas en esos análisis. Se suponía que la división de género era imperativo biológico o divino y que el poder naturalmente correspondía a los hombres. Pero no siempre fue así; antes de la dominación masculina hubo otras formas de organización. Tratemos de recordarlas o de imaginarlas.

Es posible que vea cambios profundos antes de morirme, porque los jóvenes están tan angustiados como nosotras, son nuestros aliados. Tienen prisa. Están hartos del modelo económico, de la destrucción sistemática de la naturaleza, de los gobiernos corruptos y la discriminación y desigualdad que nos separa y crea violencia. El mundo que van a heredar y que les tocará manejar les parece desastroso. La visión de un mundo mejor es compartida por activistas, artistas, científicos, ecologistas y algunos grupos espirituales independientes de cualquier forma de religión organizada, que casi sin excepción son instituciones retrógradas y machistas, y muchos otros. Tenemos mucho trabajo por delante, amigas y amigos. Hay que limpiar y ordenar la casa.

Antes que nada, debemos acabar con el patriarcado, esta civilización milenaria que exalta los valores (y defectos) masculinos y somete a la mitad femenina de la humanidad. Debemos cuestionar todo, desde la religión y las leyes, hasta la ciencia y las costumbres. Vamos a enojarnos en serio, enojarnos tanto que nuestra furia haga polvo los fundamentos que sostienen a esta civilización. La docilidad, exaltada como una virtud femenina, es nuestro peor enemigo, nunca nos ha servido de nada, solo les conviene a los hombres.

El respeto, la sumisión y el temor que nos inculcan desde la cuna nos hacen tanto daño que ni siquiera tenemos consciencia de nuestro poder. Ese poder es tan grande que el primer objetivo del patriarcado es anularlo por todos los medios a su alcance, incluso las peores formas de violencia. Estos métodos dan tan buenos resultados que con demasiada frecuencia las grandes defensoras del patriarcado son las mujeres.

La activista Mona Eltahawy, que comienza todas sus conferencias con su declaración de principio: «¡Que se joda el patriarcado!», dice que debemos desafiar, desobedecer y romper las reglas. No hay otra forma. Existen razones sobradas para tener miedo del enfrentamiento, como demuestran las cifras pavorosas de mujeres vendidas, golpeadas, violadas, torturadas y asesinadas con impunidad en el mundo entero, por no mencionar las otras formas menos letales de acallarnos y asustarnos. Desafiar, desobedecer y romper las reglas les corresponde a las chicas jóvenes, que todavía no han adquirido la responsabilidad de ser madres, y a las abuelas, que superaron la etapa reproductora.

Ya es hora de que las mujeres participemos en la gerencia de este patético mundo en los mismos términos que los hombres. A menudo las mujeres en el poder se comportan como hombres duros, porque es la única forma en que pueden competir y mandar, pero cuando alcancemos un numero crítico en posiciones de poder y liderazgo, podremos inclinar la balanza hacia una civilización más justa e igualitaria.

Hace más de cuarenta años, Bella Abzug, la notable activista y diputada por Nueva York, lo resumió en una frase: «En el siglo XXI las mujeres cambiarán la naturaleza del poder, en vez de que el poder cambie la naturaleza de las mujeres».

Una vez mi hija Paula, que debía de tener unos veinte años, me sugirió que no hablara tanto de feminismo, porque estaba pasado de moda y no era sexy. Ya se sentía el culatazo de los años ochenta contra el movimiento de liberación femenina, que tantos logros había obtenido. Tuvimos una discusión monumental en que traté de explicarle que el feminismo, como toda revolución, era un fenómeno orgánico, sujeto a constantes cambios y revisiones.

Paula pertenecía a una generación de jóvenes privilegiadas que recibieron los beneficios de la lucha de sus madres y abuelas y se sentaron en los laureles, imaginando que ya todo estaba hecho. Le expliqué que la gran mayoría de las mujeres no ha recibido todavía esos beneficios y aceptaban su suerte resignadas. Creían que, tal como me había asegurado mi madre, el mundo es así y no se puede cambiar. «Si la palabra "feminismo" no te gusta por la razón que sea, busca otra; el nombre es lo de menos, lo importante es hacer el trabajo por ti misma y por tus hermanas en el resto del mundo, que lo necesitan», le dije. Paula me respondió con un suspiro y la mirada en el techo.

Los hombres fueron muy hábiles al pintar a las feministas como brujas histéricas y peludas; con razón las jóvenes en edad reproductiva, como era Paula entonces, se asustaban con esa palabra, que podía espantar a posibles pretendientes. Debo aclarar que apenas mi hija salió de la universidad y entró en el campo de trabajo, abrazó con entusiasmo las ideas que había bebido en la leche materna. Tenía un novio de familia siciliana, un joven encantador, que estaba esperando que ella aprendiera a cocinar pasta para casarse y tener seis hijos. Le pareció bien que Paula estudiara psicología, porque podía ser útil en la crianza de los niños, pero rompió el noviazgo cuando ella decidió especializarse en sexualidad humana. No podía tolerar que su novia anduviera midiendo penes y orgasmos de otros hombres. No lo culpo, pobre joven.

Mi hija murió hace muchos años y todavía pienso en ella cada noche antes de dormirme y cada mañana al despertar. ¡La echo tanto de menos! Le habría dado una gran alegría comprobar que ahora hay una nueva ola de feministas jóvenes, desafiantes, con humor y creatividad.

Esta es una época muy feliz para mí. La felicidad no es exuberante ni bulliciosa, como la alegría o el placer; es silenciosa, tranquila, suave, es un estado interno de bienestar que empieza por amarme a mí misma. Soy libre. No tengo que probarle nada a nadie ni ocuparme de hijos o nietos, todos son adultos autosuficientes. He cumplido, como diría mi abuelo, y he hecho mucho más de lo esperado.

Hay gente con planes para el futuro, que incluso piensa en una carrera, pero tal como dije antes, no ha sido mi caso. El único propósito que tuve desde chica fue mantenerme sola y lo he logrado, pero el resto de mi camino lo he hecho a tientas. Según John Lennon: «Vida es lo que sucede cuando uno está ocupado haciendo otros planes». Es decir, la vida se hace caminando sin mapa y no hay forma de volver atrás. No tuve control sobre los grandes acontecimientos que determinaron mi destino o mi personalidad, como la desaparición de mi padre, el golpe militar de Chile y el exilio, la muerte de mi hija, el éxito de *La casa de los espíritus*, tres hijastros drogadictos o mis dos divorcios. Se podría alegar que tuve control sobre los divorcios, pero el éxito de la relación matrimonial depende de los dos participantes.

Mi vejez es un regalo precioso. El cerebro todavía me funciona. Me gusta mi cerebro. Me siento más liviana. Me he liberado de la inseguridad, de deseos irracionales, complejos inútiles y otros pecados capitales que no valen la pena. Voy dejando ir, voy soltando… Debí hacerlo antes.

La gente viene y se va, incluso los miembros más cercanos de la familia se dispersan. De nada sirve aferrarse a alguien o algo, porque todo en el universo tiende a la separación, el desorden y la entropía, no a la cohesión. He optado por una vida simple, con menos cosas materiales y más tiempo ocioso, menos preocupaciones y más diversión, menos compromisos sociales y más amistad verdadera, menos bochinche y más silencio.

No sé si hubiera logrado todo lo dicho anteriormente si mis libros no tuvieran éxito, lo que me salva de la inestabilidad económica que aflige a la inmensa mayoría de los viejos. Gozo de libertad porque cuento con los recursos necesarios para vivir como deseo. Eso es un privilegio.

Cada mañana al despertar, después de saludar a Paula, a Panchita y a otros espíritus presentes, cuando la habitación todavía está oscura y en silencio, llamo de vuelta a mi alma, que todavía anda suelta en el ámbito de los sueños, y doy gracias por lo que tengo, especialmente el amor, la salud y la escritura. Y también agradezco la vida plena y apasionada que he tenido y seguiré teniendo. No estoy lista para pasar mi antorcha y espero no estarlo nunca. Quiero encender las antorchas de nuestras hijas y nietas con la mía. Ellas tendrán que vivir por nosotras, como nosotras vivimos por nuestras madres, y continuar la labor que nosotras no alcanzamos a terminar.

Estoy escribiendo estas páginas en marzo de 2020, encerrada con Roger en nuestra casa por la crisis de coronavirus. (En vez de estas reflexiones debería estar escribiendo una novela inspirada en García Márquez: *Amor en tiempos del coronavirus.*) A nuestra edad, si Roger o yo pescamos el virus, estaríamos fritos. No podemos quejarnos, estamos mil veces más seguros que los héroes de hoy, mujeres y hombres combatiendo el virus en primera línea, y mucho más cómodos que la mayoría de la gente que ahora está obligada a permanecer dentro de sus hogares hasta nueva orden. Me angustia pensar en los viejos solos, los enfermos, las personas sin techo, los que sobreviven con lo mínimo y están desamparados, los que están hacinados en viviendas insalubres o en campos de refugiados y tantos otros que padecen esta emergencia sin recursos.

Roger y yo tenemos mucha suerte. Las perras nos divierten y acompañan y no nos aburrimos. En la mesa del comedor, Roger trabaja a larga distancia en su computador, mientras yo escribo callada en mi ático, y en las horas que sobran leemos y vemos películas en la televisión. Todavía está permitido salir a caminar, siempre que se mantenga una distancia de dos metros entre las personas, eso nos ayuda a despejar la mente. Tal vez esta es la luna de miel que nunca tuvimos por estar demasiado ocupados.

Confieso que a pesar de las restricciones de la pandemia, a veces tenemos invitados a cenar. Roger lo hace por Zoom con sus hijos y nietos en Washington y Boston; preparan la misma comida en cada una de las tres casas y se sientan a comer y conversar con sendos vasos de vino. Mis convidados son los espíritus benéficos que andan conmigo por la vida, y algunos personajes literarios. Así vino Eliza Sommers a verme. Ya no es la muchacha enamorada en la región salvaje de la fiebre del oro, es una vieja fuerte y sabia, que anda con una bolsita colgada al cuello con un poco de las cenizas de su marido. Hablamos de este libro y pude contarle cuánto hemos progresado las mujeres en el último siglo y medio. No sé si me creyó.

Roger y yo llevamos un par de semanas en este extraño retiro y hasta ahora vamos bien, pero me temo que si esta crisis se alarga mucho más no nos alcanzarán la paciencia, el cariño ni la disciplina para aguantarnos mutuamente. La convivencia forzosa y estrecha es muy irritante. Dicen que en China, donde primero se impuso la cuarentena, cientos de miles de parejas han solicitado el divorcio.

Nadie recuerda una catástrofe global de esta magnitud. En toda situación extrema lo mejor y lo peor de las personas aflora, aparecen héroes y villanos. También el carácter de los pueblos se pone de manifiesto. En Italia la gente se asoma a los balcones a cantar ópera para darse ánimo, mientras en otros lugares compra armas. Y me acaban de decir que en Chile han aumentado las ventas de chocolate, vino y condones.

¿Cómo habríamos podido imaginar que en pocos días el mundo conocido podía desbaratarse de esta manera? Se suspendió la vida social, se han prohibido todas las reuniones, desde un partido de fútbol hasta las sesiones de Alcohólicos Anónimos, han cerrado escuelas, universidades, restaurantes, cafeterías, librerías, tiendas y mucho más. De viajar, ni hablar. Millones de personas han perdido el trabajo. La gente, asustada, acapara alimentos y productos. Lo primero que se terminó fue el papel del baño; no sé cuál es la explicación para eso. Quienes tienen algunos ahorros los retiran del banco y guardan los billetes bajo el colchón. La Bolsa de Valores se desplomó. A la economía de consumo insostenible le llegó finalmente la hora de la verdad. Las calles están vacías, las ciudades silenciosas, las naciones asustadas y muchos de nosotros estamos cuestionando nuestra civilización.

Sin embargo, no todas son malas noticias. La polución ha disminuido, el agua de los canales de Venecia está cristalina, el cielo de Beijing se ha vuelto azul y se oyen pájaros entre los rascacielos de Nueva York. Los familiares, amigos, colegas y vecinos se comunican como pueden para darse apoyo. Los enamorados indecisos planean vivir juntos apenas puedan reunirse. De repente nos dimos cuenta de que lo que importa realmente es el amor.

Los pesimistas dicen que esta es una distopía de ciencia ficción, que los seres humanos, divididos en tribus salvajes, terminarán devorándose unos a otros, como en la terrorífica novela *La carretera*, de Cormac McCarthy. Los realistas piensan que esto pasará, como tantas otras catástrofes de la historia, y que habrá que lidiar con las consecuencias a largo plazo. Los optimistas creemos que esta es la sacudida que necesitábamos para enmendar el rumbo, una oportunidad única de hacer cambios profundos. Esto comenzó como una crisis de salud, pero es mucho más que eso, es una crisis de gobierno, de liderazgo, de relaciones humanas, de valores y forma de vida en el planeta. No podemos seguir en una civilización basada en el materialismo desenfrenado, la codicia y la violencia.

Este es el tiempo de la reflexión. ¿Qué mundo queremos? Creo que esa es la pregunta más importante de nuestro tiempo, la pregunta que toda mujer y hombre consciente debe plantearse, la pregunta que el Califa de Bagdad debió hacerle al ladrón en esa antigua historia.

Queremos un mundo donde haya belleza, no solo aquella que se aprecia con los sentidos, sino también aquella que se percibe con un corazón abierto y una mente lúcida. Queremos un planeta prístino, protegido de toda forma de agresión. Queremos una civilización equilibrada, sostenible, basada en respeto entre nosotros, por otras especies y por la naturaleza. Queremos una civilización inclusiva e igualitaria, sin discriminación de género, raza, clase, edad o cualquier otra clasificación que nos separe. Queremos un mundo amable donde imperen la paz, la empatía, la decencia, la verdad y la compasión. Y más que nada, queremos un mundo alegre. A eso aspiramos las brujas buenas. Lo que deseamos no es una fantasía, es un proyecto; entre todas podemos lograrlo.

Cuando pase el coronavirus, saldremos de nuestras madrigueras y entraremos cautelosamente en una nueva normalidad; entonces lo primero que haremos será abrazarnos en las calles. ¡Qué falta nos hizo el contacto con la gente! Vamos a celebrar cada encuentro y cuidar amablemente los asuntos del corazón.

Agradecimientos

A Lori Barra y Sarah Hillsheim por el trabajo espléndido que hacen en mi fundación.

Lluís Miquel Palomares, Maribel Luque y Johanna Castillo, mis agentes, a quienes se les ocurrió la idea de escribir sobre feminismo.

Núria Tey, David Trías y Jennifer Hershey, mis editores en Plaza & Janés y Ballantine.

Kavita Ramdas, nuestra mentora en la fundación, por compartir conmigo sus conocimientos sobre la situación de la mujer en el mundo.

Laura Palomares por iluminarme sobre las feministas jóvenes.

Lauren Cuthbert por editar mi traducción al inglés.

Las heroínas que encuentro a diario a través de mi fundación, que me contaron sus vidas e inspiraron este libro.

Las feministas que me formaron en la juventud y todavía me guían.